宗教イノベーションの時代

目からウロコの宗教選び②

大川隆法
RYUHO OKAWA

「庭野日敬の霊言」「伊藤真乗の霊言」「池田大作守護霊の霊言」は、
2010年9月1日、幸福の科学総合本部にて、質問者との対話形式で
公開収録された。

まえがき

〈目からウロコの宗教選び〉の第二弾として、立正佼成会創立者・庭野日敬、真如《しんによ》苑《えん》教祖・伊藤真乗、そして創価学会名誉会長・池田大作（守護霊）の三氏の霊言集を『宗教イノベーションの時代』と題して出すことにした。良きにつけ、悪しきにつけ、戦後の日本人の新宗教観を形成してきた大教団の教祖たちだ。

しかし時代の流れは、彼らの名前とともに、事業をも風化させていこうとしている。

あえて裁判官役を自任して、宗教の正邪を判定するつもりはない。インタヴューを通して、読者各自にそれぞれの感想があるであろう。

「ただ、宗教もイノベーション（革新）の時代に入《はい》った。」という感想のみを述べておこう。

二〇一〇年　九月十六日

幸福《こうふく》の科学《かがく》グループ創始者兼総裁《そうししゃけんそうさい》　大川隆法《おおかわりゅうほう》

宗教イノベーションの時代　目次

第1章　立正佼成会《りっしょうこうせいかい》「成功」の秘密に迫《せま》る

――庭野日敬《にわのにっきょう》の霊言《れいげん》――

二〇一〇年九月一日　霊示

第2章 真如苑《しんにょえん》の「実態」を霊査する

――伊藤真乗《いとうしんじょう》の霊言――

二〇一〇年九月一日 霊示

第3章 創価学会の「功罪」を語る

――池田大作守護霊の霊言――

二〇一〇年九月一日 霊示

第1章

立《りっ》正《しょう》佼《こう》成《せい》会《かい》「成功」の秘密に迫《せま》る

――庭《にわ》野《の》日《にっ》敬《きょう》の霊《れい》言《げん》――

二〇一〇年九月一日の霊示

庭野日敬《にわのにっきょう》（一九〇六〜一九九九）
新潟県《にいがたけん》出身の宗教家。立正佼成会《りっしょうこうせいかい》の開祖。一九三八年、長沼妙《ながぬまみょう》佼脇祖《こうわきそ》とともに在家仏教教団、大日本立正交成会（立正佼成会の前身）を創立。『法華経《ほけきょう》』を重んじつつ、釈尊《しゃくそん》の根本仏教を教義の柱に据《す》え、一代で大教団へと発展させた。世界平和実現に向けて、新日本宗教団体連合会（新宗連）の創設や世界宗教者平和会議（ＷＣＲＰ）の開催《かいさい》にも尽力《じんりょく》する。過去世《かこぜ》は、平安初期の僧《そう》で天台宗興隆《こうりゅう》の基礎《きそ》を築いた、第三世天台座主《てんだいざす》・円仁《えんにん》（慈覚大師《じかくだいし》）。

［質問者はＡと表記］

1 「宗教の正邪《せいじゃ》」を判定するための材料を提供する

よい宗教も悪い宗教も一緒《いっしょ》くたにされている

大川隆法　昨日《きのう》は、「文鮮明守護霊《ぶんせんめいしゅごれい》・牧口常三郎《まきぐちつねさぶろう》の霊言」を収録しました（『宗教決断の時代』〔幸福の科学出版刊〕所収）。今日《きょう》は引き続き、「庭野日敬・伊藤真乗・池田大作守護霊の霊言」を録《と》りたいと思います。

「宗教の正邪《せいじゃ》」について語るのは、なかなか難しいことですし、敵もつくりますので、ここ十五年ぐらい、やってはいませんでした。

しかし、ジャーナリズムに、この正邪を判定する力があるかといえば、やはり、「ない」と言わざるをえません。したがって、宗教のなかに、ある程度、そういう動きがあってもよいのではないかと思います。

当会を信じるかどうかは別として、本書で述べていることが正しいと信じられるならば、その判定を、ある程度、信じることはできるでしょう。

そのような、宗教の正邪を判定するための材料を提供する義務はあるでしょうし、そういうニーズもあるのではないかと思います。

やはり、一般《いっぱん》の人から見ると、「何がよい宗教で、何が悪い宗教なのか」が分からないので、「よい宗教も悪い宗教も一緒《いっしょ》くたにされている」というのが現状ではないでしょうか。

ただ、あまりにも当会中心主義になったり、他宗排撃的《はいげきてき》になったりしすぎないようには注意して、できるかぎり、客観的かつ公正な態度でアプローチをかけていきたいと考えています。

三人の大物から、本音を引き出すところまで頑張《がんば》りたい

さて、庭野氏や伊藤氏は、すでに亡くなっていますが、池田氏は、まだ生きています。今日、三人目まで行けるかどうかは分かりませんが、それぞれの本音を引き出すところまでは、やらなければならないと思っています。

今日の人たちは、みんな大物ですので、「最初は、かなり煙幕《えんまく》を張るだろう」と推定します。やはり、本音を引き出すところまでは頑張《がんば》らないといけないでしょう。

おそらく、庭野日敬氏は、そこその所に還《かえ》っていらっしゃると思うので、そう大きな心配はしていません。ただ、小学校卒の漬物屋《つけものや》のおやじさんが、同じような焼き芋屋《いもや》のおばさんと組んで始めた宗教が、創価学会に次ぐ「宗教界のナンバーツー」と言われるまで大きくなった秘密は、やはり知りたいと思います。

それから、伊藤真乗氏は、真如苑《しんにょえん》の創立者であり、教祖です。真如苑は、密教《みっきょう》系なので、伝統宗教と思われるのかもしれませんが、教義的に見れば、桐山靖雄《きりやませいゆう》氏の阿含《あごん》宗《しゅう》や、オウム教などと、それほど大きく変わらないだろうと思うのです。

ただ、真如苑についてのマスコミ等の評価は、そんなに悪くないような感じがします。ここは、かなりお金持ちで、インテリ階級の人をターゲットに活動しているように思えます。いわゆる、セレブ対象の宗教のようです。

真如苑は、活動内容や教えがあまり外に出てこないので、非常に分かりにくい宗教です。今日は、創立者に迫《せま》ることで、できれば、その正体がどのようなものなのかを探りたいと考えています。

最後の池田大作氏については、二人目が終わった時点で、私のほうに、まだ余力がありましたら、彼の守護霊の意見を聴《き》いてみたいと思います。

昨日、初代会長・牧口常三郎氏の霊言を録りましたが、結局、牧口氏の意見は、「創価学会は、もう解体せよ」「学会員は、本山の信徒に戻《もど》れ」というように聞こえましたので、現在の創価学会の信者は納得しないだろうと推定します。

その意味で、やはり、池田氏の守護霊にもご登場願い、現在の創価学会の意見も代弁してもらわないといけないのではないかと考えています。

まあ、大物ですので、最後まで行けるかどうか、やってみないと分かりません。

2　庭野日敬創立者を招霊《しょうれい》する

大川隆法　では、最初に庭野日敬氏を呼ぼうと思います。（司会に）よろしいですか？

（約五十五秒間の沈黙《ちんもく》ののち、深呼吸を四回行う）

立正佼成会《りっしょうこうせいかい》創立者・庭野日敬氏の霊《れい》よ。願わくは、幸福の科学総合本部に降りたまいて、あなたの成功の秘訣《ひけつ》、宗教者としての本心、また、幸福の科学への意見等ありましたら、われらに賜《たまわ》りたく存じます。

庭野日敬氏の霊よ。幸福の科学総合本部に降りたまいて、われらを指導したまえ。庭野日敬氏の霊よ。願わくは、幸福の科学に降りたまいて、われらを指導したまえ。

（約三十秒間の沈黙）

A――　庭野日敬先生でいらっしゃいますでしょうか。

庭野日敬　うん？　ああ、うん。

A――　私は、幸福の科学学園関西校を担当しております、○○と申します。

庭野日敬　おお、うん。ここは学校なのか。

A――　いえ。こちらは、宗教法人幸福の科学の総合本部でございます。

庭野日敬　ああ、そう。初めてなんでね、ちょっとびっくりしているんだ。ええ。（祭壇《さいだん》のほうを見て）ほう。うーん。

A――　本日は、現代日本において、立正佼成会という宗教団体を立ち上げられ、数十年にわたって導かれた先輩《せんぱい》宗教家としての、庭野先生のご意見を賜りたいと思いまして、こちらにお招きしております。

庭野日敬　君、さっき、「学園」と言わなかったか。

A――　はい。「幸福の科学学園」という名称《めいしょう》です。

庭野日敬　なぜ、学園の人が私に質問をするのかな？

Ａ――　宗教法人のほうも兼務《けんむ》しておりまして……。

庭野日敬　ああ、そう。ふーん。学校のことを訊《き》かれても、わしは無学だから分からないよ。

Ａ――　はい。本日は宗教のことにつきまして、何点か質問をさせていただきたいと思っております。

庭野日敬　ああ、そうか。こんなのは初めてだな。ハハハ。わしが霊になって降りてくるとは、珍《めずら》しいことだな。

Ａ――　どうぞ、よろしくお願いいたします。

庭野日敬　うーん。ほんとは、こういうのをやりたかったんだがな。

Ａ――　（笑）

庭野日敬　霊能力がなかったんだよ。だから、霊を降ろせる人が、うらやましくて、うらやましくて、しょうがなかったなあ。長沼妙佼《ながぬまみょうこう》さんが生きていたときは、彼女が〝霊降ろし〟をできたから、それで信者拡大できたんだけどもねえ。

妙佼さん亡きあとは、わしの『法華経《ほけきょう》』解釈《かいしゃく》みたいなもので広げなきゃいけなかったが、無学なので、ずいぶん苦労したよ。勉強してない者は、ほんとにつらいわなあ。「間違《まちが》っているんじゃないか」と思って、いつもひやひやしながら、『法華経』解釈をやっていたよ。

そのうち、創価学会とのぶつかりもかなり激しくなってきたので、「『法華経』だけでは、他宗排撃的《はいげきてき》に使われすぎる気《け》もあって、よくない。仏教の本道に戻《もど》ったほうがいいだろう」ということで、「釈迦仏教《しゃかぶっきょう》の本心に迫《せま》る」というような感じで行った。

そのおかげで、偉《えら》い仏教学者の先生がたも応援《おうえん》してくださったし、財団等をつくり、在家運動として、世界的に、いろいろやったことが評価された。

ただ、宗教家としての値打ちについては、ほんとは分からんのだ。「どのくらい自分ができたのか。悟《さと》ったのか。仕事になっていたのか」は、よく分からん。漬物屋《つけものや》のおやじだからな。まあ、牛乳も売ったことはあるけど、まあ、無理だよ、ほんとはな。

君はインテリだろう？　学園をやるんだから、インテリだ。わしをいじめないようにしないといかんよ。言っとくけど、わしは戦前の小学校卒だからな。いじめないで、優《やさ》しくやってくれよな。

信者は多いんだから、恥《はじ》をかかさないでくれよな。無知なところを暴《あば》こうなんて、そんなことをしちゃいかんよ。な？　それを気をつけような。お互《たが》いに紳士《しんし》で行こう。

Ａ――　ありがとうございます。よろしくお願いします。

3　立正佼成会《りっしょうこうせいかい》の「教団史」を語る

A――　もう数年前になりますが、私は、庭野先生の『この道』という自伝を拝読いたしまして、非常に感銘《かんめい》を受けた記憶《きおく》がございます。

庭野日敬　ありがとう。ありがとう。まあ、文章を書くのがうまい人が多いので、わしの思うことを書いてくれるんだ。だから、わしが、文がうまいわけじゃないぞ。そういう人は、いっぱいおる。大学を卒業している人が、いっぱいおるからな。

でも、中身はわしの考えだ。

A――　今、「『法華経《ほけきょう》』を教えの中心に据《す》えつつも、釈迦仏教《しゃかぶっきょう》の本道に戻《もど》ることで、非常にしっかりした仏教教団として確立していった」というお話がございましたが、現在、天上界《てんじょうかい》に還《かえ》られた庭野先生の目から見て、主エル・カンターレ下生《げしょう》、仏陀再誕《ぶっださいたん》の時代に先立ち、立正佼成会《りっしょうこうせいかい》を設立されたご意図は何だったのでしょうか。

また、立正佼成会が日本有数の教団にまで成長した、その成功の秘訣《ひけつ》を、ぜひ教えていただければと思います。

霊友会《れいゆうかい》から分かれ、新教団を創立する

庭野日敬　やっぱり、君らの言葉は難しいな。インテリは言うことが難しい。まあ、全部は理解できんけども、最初の設立のころの話だね？

最近、新潟《にいがた》の人がよく出てくるけど［注１］、ハハハハハハハ、わしは、あちらの田舎《いなか》のほうから東京に出てきて、とにかく、その日の糧《かて》を求めて働いてはおったけれども、「何か学びたい」っていうかな、求道心《ぐどうしん》みたいなものは、あったことはあったわけよ。

だから、幾つか、教えを乞《こ》うようなまねはしていてね。そのうち、当時、うちより先輩《せんぱい》だった霊友会《れいゆうかい》の支部長さんと知己《ちき》になり、ご指導願って、それで『法華経』解釈《かいしゃく》を本格的に教えてもらったんだな。

ところが、その人に教わったんだけど、霊友会の『法華経』解釈や活動方針と何か

合わなくなってきたので、まあ、あんたがたから見れば、分派みたいなものだろうけど、その支部から分かれて、活動をし始めたんだ。

ただ、「霊友会から独立してやろう」ということにはなったんだけど、『法華経』と先祖供養だけだったら、霊友会と変わらない内容になってしまうのでね。それで、何か新しいものも入れようということになり、わし独自で勉強した姓名判断《せいめいはんだん》みたいなものとかも、ちょっと取り入れた。

まあ、今の新宗教風だな。そんなものも入れて、客寄せをしたんだ。そして、『法華経』と併《あわ》せて、新宗教風に信者をつくっていたんだけど、戦前だから、当局の取締《とりしま》りがきつくてね。そういう新しいものは、〝不敬罪〟というか、「邪教認定《じゃきょうにんてい》」っていうか、「人心を惑《まど》わす」っていうようなことで弾圧《だんあつ》を受けて、捕《つか》まったこともあるわな。

それで、霊友会から分かれた最初のころの布教《ふきょう》は、わしが自転車に乗り、長沼妙佼《ながぬまみょうこう》さんを荷台に乗せてやってたんだ。

妙佼さんっていうのは法名《ほうみょう》だけどね、女性なんだ。おばさんだけど、この人は、霊が降ろせる人で、いろいろなことがピタピタ当たったのでね。だから、まあ、最初は、実質上、向こうが教祖だったかなとは思うんだけどね。
わしには何も能力がなかったから、妙佼さんを自転車の荷台に乗せて、教祖を引きずり回して布教してたっていう感じかな。まあ、そうこうするうちに、ちょっとずつ信者が増えてきて、それなりになってきた。

［注1］「田中角栄の霊言《れいげん》」ならびに「牧口常三郎《まきぐちつねさぶろう》の霊言」の収録を指す。前者は、『景気回復法』（第2章）、『救国の秘策』（第4章）に、後者は『宗教決断の時代』（第2章）に所収（いずれも幸福の科学出版刊）。

宗教弾圧《だんあつ》や〝妙佼《みょうこう》さん事件〟など、いろんな苦労をした

ただ、やっぱり、対立もだんだん起きてきてな。わしは、何《なん》の能力も持ってないから、わしが会長になっても納得しない者が教団のなかにはいてね。妙佼《みょうこう》さんは、今やっているような、こういう霊言ができたのよ。だから、立正佼成会の人は、霊言というものをいちおう理解するんだ。

妙佼さんのほうは、〝入神状態《にゅうしん》〟になったら、自分が何を言ってるか、全然分からなくなるからね。だから、わしが、妙佼さんの降ろす霊言を審神者《さにわ》する役割になっていたんだ。

わしは、『法華経』解釈の勉強をしたからね。「霊言をそのまま信じちゃいけない」ということで、『法華経』に照らして、それが正しいかどうかの判断をするのがわしの仕事で、審神者みたいなことをやっとったわけだ。

だけど、やっぱり、「どちらが教祖か」ということについて、少し、意見が分かれるようなところがあってね。信者のほうに、妙佼さんを担《かつ》ごうとする者も出て、ちょ

っと苦しんだ時期はあるけど、戦後しばらくして、あちらも亡くなったので、わしの会長が固まったということだな。

それと、弾圧《だんあつ》もずいぶんあったわな。あんたがたも苦労はしただろうけども、「霊が降りてきて、いろんなものを当てる」とかいうようなのは、戦前には、いっぱいあったからね。

でも、それにはなかなか信用がつかないし、わしも、漬物屋《つけものや》のおやじでなくて、それこそ東大でも出ておれば、そりゃあ、「霊言を判定する」っていっても箔《はく》が付くけど、妙佼さんもわしも、お互い無学・無教養だったものだから、まあ、苦労はしたね。

そういう意味で、わしは逮捕《たいほ》されたこともあるし、〝妙佼さん事件〟が起きて、どちらが主導権を握《にぎ》るかで信者が割れそうになったこともある。

「十年間の単身修行《しゅぎょう》」を神示《しんじ》にて命じられる

それから、妙佼さんは、おばさんだけど、いちおう女性は女性だからね。これを副会長にして、二人三脚《ににんさんきゃく》で伝道して回ったら、家内も、女だからさ、やっぱり嫉妬《しっと》するじゃないか。な?

だから、妙佼さんと二人で伝道するっていうと、やっぱり焼きもちを焼くのでねえ。それで、やはり、家庭内で不和が起きた。まあ、子供はいっぱいできて、何人もいたんだけど、家内も面白《おもしろ》くないわね。

そういうことがあったので、神示《しんじ》が下ってというか、妙佼さんに霊言が降りて、「十年間、夫婦は別居せよ」というような修行《しゅぎょう》が命じられた。夫婦だけど、いちおう分けられてね。「ちょっと非情だな」と思って、ずいぶん苦しんだけども、実際上、布教活動するには、やっぱりしかたがなかったかな。そういう意味で、社会的には責められるところもあったのかなとは思うけども、それで、十年間、布教ができたので、広がって大きくなったところはある。

そういうことはあったけども、妙佼さんも亡くなったし、家庭問題は、やっぱりあったんだけど、晩年というか、子供たちも大人になってからは、ちゃんと跡《あと》を継《つ》いでくれるようになって、協力してくれたので、結果的には、うまくいったのかなあと思ってるわな。

ただ、親父の学歴や職歴に比して、あまり大教団になりすぎたので、長男には、「跡を継げないいんじゃないか」という恐怖心《きょうふしん》があって、かなり苦労したけどね。逃《に》げ回るのを引き据《す》えてやらせるのには、ずいぶん苦労したわね。

何とか乗り切った「読売事件」

あと、特筆すべきこととしては〝あれ〟だね。あんたがたには、「フライデー事件」［注２］っていうのがあったと思うが、わしらには、「読売事件（一九五六年）」っていうのがあったね。

立正佼成会も、にわかに教団が大きくなり、信者が増えて、金が集まってきたが、わしらも事業運営は、そんなに得意でもなくてね。この世的に見れば、社会的には、やっぱり遅《おく》れたところがあったんだろう。

だから、「宗教が野球のグラウンドみたいなものを買ったり、いろんな不動産投資をしたりするのはおかしい」「信者のお布施《ふせ》を、要《い》らないもののために使った」というように糾弾《きゅうだん》され、読売新聞で立正佼成会の連続追及《ついきゅう》を何十回もやられたのは、こたえたよ。

まあ、君らは週刊誌かもしらんけど、わしらは全国紙だからな。新聞で四十回か五十回か知らないが、ものすごい連続追及をされて、これには、まいった。

ただ、わしらは、創価学会みたいな戦う組織じゃなかったので、「無学・無教養はおっしゃるとおり。そういう学士さんたちが、お偉《えら》い立場から批判されているからには、わしらに何か間違《まちが》いがあったのだろう」ということで、耐《た》え忍《しの》んだ。

『法華経』には、石を投げられても相手を拝んでいる、常不軽菩薩《じょうふきょうぼさつ》の物語が入っているよね。迫害《はくがい》を耐え忍んで、「私はあなたを拝みます。あなたも尊い仏の子なのです」と言う常不軽菩薩が出てくるじゃないか。だから、それで行こうかということで、〝読売菩薩〟にしてしまって、持ち上げたわけだ。

この事件は、国会喚問《かんもん》を受けるところまで行《い》ってしまったので、大きな教訓だったし、教団の危機だったわな。

だけど、〝読売菩薩〟ということで、こちらが「反省した」というか、下手《したて》に出ることで、相手を持ち上げて、何とか逃《のが》れた。

だから、あんたらが講談社と真正面から戦うのを見て、ちょっと度肝《どぎも》を抜《ぬ》かれたところがあったな。わしらだったら〝講談社菩薩〟として持ち上げて対処するところを、戦いを挑《いど》んだので、ちょっとびっくりはした。

「あんなことをして、教団が潰《つぶ》れないのか」と思って、心配だったよ。やっぱり、「マスコミ対宗教」の力関係では、はっきり言って、マスコミのほうが強かったからな。マスコミは、ものもよく知ってるしね。

何百万人も読者がいる新聞からの筆誅《ひっちゅう》っていうのは、きついもんだな。大本《おおもと》（大本教）なんかも、それでやられたのだろうと思うしな。大本は、「邪教だ」と言われて、キャンペーンを張られ、警察も動員して潰されたから、同じようにやられるかなと思い、反省のほうに出て、まあ、何とか乗り切ったんだけどな。

［注２］一九九一年、講談社の週刊誌「フライデー」等が、幸福の科学に対する悪辣《あくらつ》な捏造《ねつぞう》・誹謗《ひぼう》中傷記事を多数掲載《けいさい》し、信仰心を踏《ふ》みにじる事件を起こした。これに対し、幸福の科学会員が立ち上がり、デモなどの抗議《こうぎ》活動を展開した。

平和運動等の社会活動が、教団の信頼《しんらい》を高めた

そのあとは、だんだん人も増え、組織もできて、社会的にも、普通《ふつう》の会社仕事ができるぐらいの人も増えてきたので、教団が安定してきた。

まあ、わしは、宗教としての正邪を問われても、あまり言えないので、社会活動等に力を入れたんだ。平和運動だとか、「アフリカの恵《めぐ》まれない子のために、一食《いっしょく》抜いて、献金《けんきん》しよう」という〝一食《いちじき》運動〟だとか、いろんな目に見える社会活動をやることで、理解されようとする努力はしたわな。

でも、霊能力的なものを、妙佼さんは持っていたのに、私は最後まで持てなかったので、このへんの引け目は、ずいぶんあったし、あんたがたの活躍《かつやく》も、よく知ってはいたけどもね。だけど、「有名な霊が降りてきて、いろいろやっている」っていうことについては、「触《さわ》らぬ神に崇《たた》りなしかな」と思って、距離《きょり》を取って見てはいた。

ただ、幸福の科学のほうから、「立正佼成会は、そんなに悪い宗教じゃない」というように言ってるらしいっちゅうことは、耳に入ってては来てたのでね。

結局、「外側の社会活動を活発化し、目に見えるところをしっかりやっていくことで、教団の社会的な信頼《しんらい》を高めた」っちゅうところかな。

途中《とちゅう》、まあ、危《あや》ういところはいっぱいあったよ。「読売事件」で追及された不動産投資もあったが、姓名判断等もやっていてね。これは、統一協会なんかもまねしてるけど、ほんとの根っこは、こちらにあるんだ。

当時、姓名判断をしてあげた人のなかから、自殺した人が出てきて、それで社会問題になり、ＮＨＫのニュースか何かに流れたかな。それで、大騒動《おおそうどう》になったりして、教義の近代化というか、そういう学問的な判断に堪《た》えられるようにしなきゃいけなくなって、無学のおやじがずいぶん苦労したよ。

でも、晩年には、宗教学者、仏教学者等にも金銭的な支援《しえん》をしたし、仏教文化興隆《こうりゅう》のための支援活動もかなりしたので、そういう意味での文化的社会的な取り込《こ》みには成功して、日本の大教団の一つとして認められるようにはなった。

まあ、大雑把《おおざっぱ》に言やあ、そんなとこが教団史かな。

Ａ――　ありがとうございます。

4　法華経《ほけきょう》教団として創価学会と競《きそ》い合う

立正佼成会《りっしょうこうせいかい》は「摂受《しょうじゅ》八割・折伏《しゃくぶく》二割」の〝草食系教団〟

A――　立正佼成会《りっしょうこうせいかい》の歴史は、創価学会との戦いの歴史であると言ってよいぐらい、競《きそ》い合っておられたように思います。日本には、『法華経《ほけきょう》』を奉《ほう》ずる団体は数多くありますが、特にそのなかで、「かたや天国、かたや地獄《じごく》」というかたちで分かれておりますけれども……。

庭野日敬　「かたや天国、かたや地獄」って、君、それは分かりにくいよ。

A――　はい。法華経教団のなかにも、いろいろな種類のものがあると思いますが、庭野日敬先生は、今の日本の宗教事情を、どのように見ておられますでしょうか。

また、そのなかにおける幸福の科学の位置づけや、今後の方向性、あるいは、伝道のあり方等について、アドバイスをいただければと思います。

庭野日敬　うーん、まあ、宗教的に言えば、原点には、やはり『法華経』解釈《かいしゃく》の問題が一つあるとは思うんだよね。

私たちには、気が弱いところもあったんだろうけど、まあ、今で言えば、「草食系」だよな。今、「草食系」って言ってるらしいけど、もとは〝草食系教団〟だったんだ。それで、「『法華経』をどう見るか」だけど、仏教には、「摂受《しょうじゅ》」と「折伏《しゃくぶく》」というのがあるんだよね。「摂受」っていうのは、相手を優《やさ》しく受け止め、受け入れることをいうんだね。「折伏」っていうのは、相手の間違《まちが》ったところを砕破《さいは》し、打ち破って、相手を屈服《くっぷく》させ、「参りました」と言わせて、帰依《きえ》させることをいう。

折伏は、強力な悪に対して行う手法だよね。この両者のウエイトだけども、創価学会は、「折伏一本」っていう感じだった。特に戸田《とだ》さん（二代目会長・戸田城聖《じょうせい》）あたりからは、そういう折伏一本のやり方をしていて、戦闘的《せんとうてき》だった。

けれども、わしらは、必ずしも『法華経』をそういうふうには解釈しておらず、やはり、「相手を優しく受け止める摂受が八割で、折伏が二割。だいたいこの割合だ」

と考えていたんでね。まあ、折伏しなきゃいけないこともあるんだけど、基本的には、「人に対しては、優しく接するべきなんじゃないかな」と思っていたからね。

また、仏教学的には、『法華経』っていうのは、かなり迫害《はくがい》された教団の教えではないかと言われている。何て言うか、サド・マゾで言うと、おそらく、「マゾ教団」が法華経教団のもとではないかと言われているんだけれども、それがマゾからサドに変わるのは時間の問題で、どっちもありうる。非常に極端《きょくたん》なんだね。

だから、『法華経』に関して言えば、創価学会が「サド教団」で、うちが「マゾ教団」だったわけよ。

ただ、草食動物は単独ではライオンと戦えないからさ。「みんなで集まって円陣《えんじん》を組み、後ろ足で蹴《け》り上げる」という例の作戦をやろうということで、創価学会に対抗《たいこう》するために、新宗連《しんしゅうれん》とかもつくったんだよ。みんなで、創価学会から護《まも》ろうということだ。

あそこは、『法華経』を中心にした一神教みたいなものをつくって、「ほかの宗教は全部間違ってる」というようなやり方だったからね。だから、宗教界の存亡にかかわることであるので、そのような戦い方をやったということだ。

でも、あっちもなかなか強くて大変だったね。やはり、何か優《すぐ》れたところがあったんだろうけれどもね。

ただ、摂受と折伏のどっちがお釈迦《しゃか》さんの心に適《かな》うかは、よくは知らんがな。まあ、それは両方あったんだろうとは思うよ。お釈迦さんの時代にも、そりゃあ、邪教《じゃきょう》というか、外道《げどう》を論破して折伏することもやってはいただろうが、そればっかりでもなかっただろうとは思うな。

民衆に対する布教《ふきょう》もあったし、王族に対する布教もあったし、まあ、いろんな人に布教しているけど、基本的には、仏教は「慈悲《じひ》」の宗教だと私は理解しているんでね。だから、戦闘型の宗教は、あっちの、ユダヤ教系のほうなんじゃないかと思うので、世界を平和にするためには、そうした慈悲の心で大調和していくのが本道ではないかと考えている。

創価学会との対立図式は今も続いている

まあ、天国・地獄と言われても、それは何とも言えないところがありますね。それぞれの理由があるだろうから。

わしは、自己認識が間違ってなければ、幸い、地獄ではない所にはいるようだけどね。訊《き》かれる前に言っとくけど、まあ地獄じゃないらしいということは感じておる。それで、向こう様を地獄と断定していいのかどうかは、わしはよく分からないけど、対立図式は今も続いているね。

政治を巻き込《こ》んで戦う形式が今も続いているので、あなたがたにとっては困ったところがあるよね。創価学会を批判したいけど、自民党と公明党が組んだりしたので、「宗教を取るか、政治を取るか」ということだよね。政治的には自民党のほうがいいと思えば、それは、困ったことになるだろうね。

だけど、うちのほうは宗教を取ったので、「創価学会と組むやつは、みな敵だ」ということで、民主党のほうを応援《おうえん》したりした。それで、今、民主党の政権ができているわけだからね。

だから、難しいんだよ。ほんとは、宗教を政争の具に使っちゃいけないのかもしれないけれども、まあ、新宗連は、日本の圧力団体としては大きなものだから、政治家のほうも利用したいだろうし、こっちも、ある程度は意見を通したいからね。

政治のほうを創価学会に完全に牛耳《ぎゅうじ》られたら、ほかの宗教が弾圧《だんあつ》される可能性はかなり高いので、何としても、池田大作を〝法王〟にするわけにはいかんと思ってね。まあ、向こうがバチカンみたいになりたくてしょうがないのは分かっているから、それを何とか阻止《そし》しなきゃいかんと考えていたわけよ。

ええっと、訊きたかったのは、それじゃなかったっけ？　何？

霊能力《れいのうりょく》がなかったので、社会活動として広げるスタイルをとった

A──　今、宗教連立の可能性等についてもお話をいただきましたが、生前は、新宗連や、世界宗教者平和会議等、各宗教の協調、連合という部分で、ずいぶん活躍《かつやく》されたと思います。

そういう面で、幸福の科学と立正佼成会の活動には違いがあると思うのですが、今後、宗教同士が連携《れんけい》を図《はか》り、仏国土《ぶっこくど》づくりをしていく上での考え方といいますか、道筋のようなものについて、天上界《てんじょうかい》に還《かえ》られた立場からのお考えをお伺《うかが》いしたいと思います。

庭野日敬　まあ、宗教を起こすに当たっては、たいていの場合、霊能者《れいのうしゃ》がいるのが普通《ふつう》ではあるんだよね。うちの場合は、〝共同教祖〟とも言うべき長沼妙佼《ながぬまみょうこう》さんが霊能者だったので、それが核《かく》になって宗教ができたことは事実だ。

わし自身には霊能力がなかったし、学会の池田大作さんにも霊能力がありませんからね。だから、霊能力のない者同士であり、二人ともそちらのほうには入っていけないので、「この世的な活動のほうで、人を惹《ひ》きつけたり、違いを見せたりしなきゃいけない」という点では同じだっただろうと思うんですね。

それで、「この世的な活動で差をつけて、違いを見せる」っていうことを中心にやっていた。まあ、あなたがたにそれを勧《すす》めるかどうかだけど、まあ、そういうふうになっていく時代もあるかもしれないが、宗教としての質がちょっと違うのでね。

わしらは、霊能系でなかったために、あえて、そういうことをせざるをえなかったというか、社会活動として広げていくスタイルしか、ほかに生き筋がなかったというのが、まあ一つだな。

結局、わしら自身の探究では、「真理とは何か」が分からなかったのよ。そういう意味で、『法華経』というものが要《い》ったし、いろいろなものに頼《たよ》らないと無理だったところはあるな。

ただ、さっきも言ったように、『法華経』からちょっと抜《ぬ》けていって、何というか、お釈迦様の思想のほうに近づいていったところはあると思うよ。

まあ、四諦《したい》・八正道《はっしょうどう》をあなたがたに言うのは、「釈迦に説法《せっぽう》」になっちゃうのかもしれないけど、四諦・八正道だとか、十二因縁《いんねん》だとか、六波羅蜜《ろくはらみつ》だとかね、仏教の中心的な思想があるじゃないか。な？　そのようなものを焼き直して、ちょっと信者に教えたりして、仏教的なものを中心にやっておったけどね。それと『法華経』信仰《しんこう》とを合体させたような感じかな。

だから、釈迦の仏教を出すことで、創価学会のほうが歪《ゆが》んでいるのが見えてくるんだよね。そういうことを、ちょっとはしていたけど、まあ、実際に、わしらが悟《さと》っていたかどうかについては分からんな。ああ、分からん。

昭和期には、『法華経《ほけきょう》』系宗教の強い磁場ができていた

A――　生前、霊能力をお持ちではなかったということですが、天上界に還られて、「生前は気がつかなかったけれども、実は霊指導を受けていた」というようなことはあったのでしょうか。また、霊指導があったとすると、立正佼成会には、どのような指導霊がおられたのでしょうか。

庭野日敬　まあ、『法華経《ほけきょう》』系は、昭和期には非常に流行《はや》ったので、すごく強い強い磁場ができたよね。うちだけではなく、いろんなところで、『法華経』を中心にした宗教ができた。それらを集めると、そうとうな数になると思うので、仏教系では最大勢力の一つになっているかもしれませんね。戦前もそうだし、戦後もそうなんでね。

それはなぜかというと、たぶん、『法華経』が、信仰と行動を重視する経典であることが大きいのかなとは思うんだよな。だから、個人の修行《しゅぎょう》というよりは、行動論の

ほうに持っていく宗教になりやすい。そういう意味で、構造的には、マルクス主義とよく似ているところがあるのかなとは思うんですけどね。

内容的には、個人の教学《きょうがく》を深めるというよりは、「行動しなさい」「仏のためにやりなさい」というようなところが多いのでね。それで広がったのかなあ。

それと、戦後民主主義にうまく合ったところがあるのかなと思うけどね。『法華経』には、平等思想があるから、これが民主主義的な面とわりに合ったのかなと思う。『法華経』は、差別観よりも平等観のほうが強くて、「みな、仏になる可能性がある」っていうことを約束してるお経だからね。そういう意味で、戦後民主主義の流れと合ったところはあるわな。

霊指導を受けていたかどうかについては、まあ、わしは何も感じなかったから分からないんだけれども、おそらくは、日蓮《にちれん》系の霊人が、多少はご指導くださっていたんじゃないかなあとは思うんですけどね。

「長沼妙佼さんにも、日蓮の霊が降りていた」ということになってはおるんだが、ほんとに降りてたのかどうか、わしには全然分からないので、それは、どうか日蓮さんに訊いてもらいたい。「本当に、妙佼さんの体に入って霊言をしていたんですか」と。あんたらのほうが、よく分かるんじゃないか。

聴《き》いていたわしのほうは、日蓮だか日蓮でないんだか、さっぱり分からなかったけども、日蓮であろうがなかろうが何でもいいから、とにかく、「『法華経』に合っているか、合っていないか」だけを判断していたんだ。「日蓮と称《しょう》して出てきた者が、『法華経』と違うことを言ったら、それは間違っている」というように、『法華経』に合ってるかどうかだけを判断していたわけだ。

それで、『法華経』に合っていないことを言っていると思ったら、その部分は教義、教えとしては取り入れないという、「教相判釈《きょうそうはんじゃく》」みたいなことばかりやってたんだけどね。

でも、何というか、姓名判断《せいめいはんだん》だの、『法華経』だの、いろんなものの貼《は》り合わせみたいなところがあって、わしが本物の宗教家かどうか、自分でも、もう一つ実感が湧《わ》かんのだよ。

わしは生まれが悪いために、このようになったけど、場合によっては、政治家や企《き》業家《ぎょうか》になったほうがよかったのかなあという気もするんだな。あるいは、そんな才能があったので、教団が大きくなったのかもしれないな。

むしろ、教えてほしいぐらいだ。わしは本物の宗教家なのか、そして、誰《だれ》が指導していたのか、こっちが訊きたい。教えてくれよ。何にも分からないんだから。わしはただの凡人《ぼんじん》だから。

ほんと言うと、なんで教団が大きくなったか、分からないんだよ。なんで大きくなったか、こっちが訊きたいぐらいだ。こんな漬物屋《つけものや》のおやじの教団が、なんでこんなに大きくなったのか。

まあ、一つ言えば、長生きしたっていうことぐらいしか考えられんわ。戦前から戦後にかけて、何十年も長くやっていれば大きくなるっていうのはあるかもしれない。会社と一緒《いっしょ》で、五十年もやれば大きくなるっていうことはあったかもしれないけど、はっきり言って、理由は分からん。うん。

5　布施《ふせ》と霊感《れいかん》商法について、どう考えるか

A――　それでは、少し質問を変えさせていただきます。

昨日、大川隆法総裁が、統一協会の教祖・文鮮明《ぶんせんめい》氏の守護霊《しゅごれい》を呼んで霊言を収録したのですが、その際に、文鮮明氏の守護霊は、「統一協会の霊感《れいかん》商法は、教祖が指示したものではなく、立正佼成会《りっしょうこうせいかい》から来た者が持ち込《こ》んだものだ」という趣旨《しゅし》のことを言っておりました。

庭野日敬　おお、来た来た、厳しいのが。

A――　そのあたりのことについては、いかがでしょうか。

庭野日敬　うーん、まあ、多宝塔《たほうとう》は売ってたな。アハハハハ。それは、そのとおりだ。だけど、こっちは仏教だからさ、多宝塔を売っても構わないが、キリスト教が多宝塔を売ったらおかしいじゃないか。な？　それだけの違《ちが》いだよ。だから、売る物をま

ねしたんだと思うけど、仏教が多宝塔を売ったたって別におかしくないよ。観音《かんのん》さんの像を売ったたって、仏さんの像を売ったたって、別に構わない。

でも、仏教が十字架《じゅうじか》を売ったら、おかしいだろう。な？　向こうはキリスト教のくせに、多宝塔を売ったりしている。これはおかしいよな。まあ、この世的な判断としては、それだけのことじゃないか。そう思うな。

Ａ――　立正佼成会のなかにも、そういう霊感商法的な面があるのでしょうか。

庭野日敬　君ね、まあ、それは、ほんとに厳しいところで、昨日、〝毒グモさん〟（文鮮明守護霊）がどう言ってたかは知らないけど、宗教のなかには、ちょっとそんなところがあるので、そういう左翼《さよく》弁護士みたいな言い方をされたら、みな、そうなってしまうところがあるけどさ。「値打ちのないものを、値打ちがあるように見せる」っていうのも、反対側からのものの言い方だしね。

税務署から見れば、例えば、食堂なら、原価の三倍ぐらいが定価っていうのが、だいたい相場なんだろう？　普通《ふつう》の商品でも、原価に何割か利益を乗せて売るとか、そういうふうになってるんだろうが、お布施《ふせ》というのは、もう、原価の何倍も何十倍もお金を取るものだっていう解釈《かいしゃく》になってるじゃないか。

つまり、多宝塔も、もし、原価が一万円のやつを二万円で売ったら、これは商品にしか見えないわけよ。ところが、原価が一万円のやつを百万円で売ったら、これはお布施だと認定されるわけだね。税法上は、そうなってるらしいじゃないの。

だから、高くなる傾向《けいこう》はあるわけよ。だけど、それを、企業《きぎょう》論理っていうか、社会道徳っていうか、ジャーナリスティックな目で見れば、〝ぼってる〟ことになるので、「宗教は、坊主丸儲《ぼうずまるもう》けをしている」と批判されるわけなんだ。これについては、あんたがたも、言葉を濁《にご》しといたほうが、将来的にはいいかもしれないね。

まあ、ものがあるだけ、まだいいんだよ。宗教っていうのは、ものがなくても、お布施をもらうところだからね。企業活動から見れば、これはありえないことだ。「商品がないのに、お金をもらえる」っていうような商売があったら、企業にとっては理想社会だよな。

これは、「裸《はだか》の王様」だな。「目に見えない服を織り上げて、『この服は、心の清い者にしか見えません』みたいなことを言われたため、みな、『王様は立派な服を着ていますと』と言った。王様も、『そうか、じゃあ、代金を払《はら》わなければいけないのかな』と思ったところ、ほんとは何も着ていなかった」というような話があるじゃないか。

そういう透明《とうめい》マントじゃないけど、「〝目に見えない着物〟に値段を付けて売るのが、宗教だ」というように、一般《いっぱん》には見えているのさ。これは、唯物論《ゆいぶつろん》的に見れば、そういうことになるので、「目に見えないところに値打ちがあるかどうか」っていうことが、宗教の存立基盤《そんりつきばん》そのものになるだろうね。

だから、そこに説得力が要《い》るわけだ。な？　説得できなければ、「それは詐欺《さぎ》商法だ」と言われて、批判されてしまうので、実に厳しいところはあるわな。

統一協会には、悪いところがいっぱいあるんだろうとは思うけど、多少、口をつぐんでおかないと危ないかもしれないな。本をつくって、それに定価を付けて売るのとは、わけが違うところがあるんだよ。

統一協会も、多宝塔じゃなくて、やはり、十字架なり、イエス様の像でも売ればよかったんだと、わしは思うけどな。

まあ、宗教っていうのは、みな、思いつきでいろいろなことをやるんだよ。それは、それぞれの智慧《ちえ》を結集したつもりでやってるんだろうと思う。

ただ、立正佼成会でやってるからいいだろうと思ってまねしても、それは立正佼成会が発明したものかといったら、そんなことはない。立正佼成会は、霊友会《れいゆうかい》にあったものをまねしてるだけなんだ。だから、もとは霊友会まで行っちゃうわけで、その霊友会がどこからそれを取ってきたかは分からない。

だから、追及《ついきゅう》し始めると、お互《たが》いに、芋《いも》づる式に全部出てくるんだ。「あそこもやってる。ここもやってる」っていうのが、いっぱい出てくるから、まあ、「宗教者は、それを語らず」というのが、正しい態度であるかもね。へへへへへ。

6　帰天後《きてんご》の天上界《てんじょうかい》での生活

過去世《かこぜ》や次元など、『法華経《ほけきょう》』に書かれていないことは分からない

Ａ── 信仰《しんこう》について、少し質問させていただきたいのですが、立正佼成会《りっしょうこうせいかい》の御本尊《ごほんぞん》は、「久遠実成大恩教主釈迦牟尼世尊《くおんじつじょうだいおんきょうしゅしゃかむにせそん》」ということになっております。

庭野日敬　ああ。

Ａ── これは、『法華経《ほけきょう》』における「久遠実成の仏陀《ぶっだ》」、すなわち「永遠の仏陀」のことであると思いますが、まさしく、主エル・カンターレ、大川隆法総裁先生のことを……。

庭野日敬　いや、そんなことを言われたって分からんよ。そんなことは『法華経』に書いてないから、わしはよく分からんけどね。

A――　天上界《てんじょうかい》から幸福の科学をご覧になって、どのように感じておられますか。

庭野日敬　君ね、僕《ぼく》はそんなに偉《えら》くないのよ。そんなの分からないのよ。そんな、「天上界で誰《だれ》がいちばん偉いか」なんて、分からないのよ。天上界には、僕ぐらいの〝その他大勢〟がいっぱいいるのよ。だから分かんないのよ。うん。

A――　天上界では、周りにどのような霊人《れいじん》がいらっしゃるのでしょうか。

庭野日敬　いや、坊《ぼう》さんみたいなのはいっぱいいるよ。だけど、分かりゃしないよ。みんな、それぞれの宗派で、修行《しゅぎょう》したり、勉強したりしてるけどね。

坊さんはいっぱいいるけどさ、「誰がいちばん偉いか」なんて、そんなのは全然分からない。分かんないんだよ。だけど、まあ、仲良くしようとは言ってるけどね。

A――　あなたは、過去世《かこぜ》においては、第三代天台座主《てんだいざす》の円仁《えんにん》という方であると伺《うかが》っております。

庭野日敬　ああ、なんか、そんなの、ちょっと聞いたような気がするな。うん。そんな話を聞いたような気はするが、ありがとう。なんか、ここ（幸福の科学）が言ってくれたらしいじゃない。

わしも、「なんぞ過去世が欲しいな」と思って、どっかで言ってくれないかと思って探していて、あの、何だ？　コスモメイトまで「わしの過去世は何じゃ？」って訊《き》きに行ったりしたが、なんか適当なことを言うとったような気がする。あそこは、すぐ何でも偉いのを言ってくれるんだけどな。まあ、こっちに来るべきだったかもしらんけどな。ただ、よく分からんのでね、ほんとに。

関心はあるよ。でも、そんな、過去世が分かるほどわしは偉くないんだ。『法華経』に書いてないから、そのへんの判定の仕方が、なんだかよく分からないんだよ。

A――　ほかの転生《てんしょう》では、どの時代に出られて、どのようなお仕事をされたのか、何かお分かりではないでしょうか。

庭野日敬　君ね、僕は、そんなに偉くないんだって。何回も言うとるじゃないか（会場笑）。

だから、もう一回生まれ直してだな、ちゃんと本格的に勉強し直すか、何か修行しないと、ちょっと無理だね。まあ、霊能力がなかったということだな。仏陀のような神通力《じんつうりき》がなかったたっていうことだ。仏陀は、神通力で、過去・現在・未来の三世《さんぜ》を見通したんだろ？　そういうことだろうけど、わしは見通せなかったわけで、過去・現在・未来は分からないんだ。

生きてたときにも分からなかったが、死んでも分からないわ。だから、あんたがたが、何かいろんなことを言ってるらしいのは、ちょっと聞いてはいるけど、あの世の坊さんたちも、「よく分からん」って、みんな言ってるよ。「わしは、わしだ」と、みんな言っている。「そんな、『魂《たましい》の兄弟』とか、『過去世』とか、よく分からん。何のことを言ってるんだ。さっぱり分からん」って、みんな言ってるよ。

ただ、お坊さんや、若干《じゃっかん》、キリスト教の聖職者たちとも、交流はしてるよ。多少はお付き合いをしていて、「みんなで力を合わせてやりましょう」みたいなことは言ってますよ。

主としては、今も、立正佼成会のほうを気にして、天上界から応援《おうえん》はしてるけどね。あと、疑問があるとしたらなあ……。お釈迦様は偉すぎて、わしにはちょっと分からんけど、うーん、そうだねえ……。日蓮《にちれん》さんが、直接には会いに来てくださらないんでねえ。あれもよく分からないんですけども。

まあ、坊さんはいっぱいいるのと、あとは、うーん、何だ、職業のちょっと違《ちが》う人もいるようには思うんだよね。

君らは、「次元が何だ」とか言うんだろ？　わしは、いったいどこにいるんだ？　教えてくれよ。こっちが訊かなきゃいかんのだ。どこにいるんだ？　わしは。

A──　いや……（苦笑）。

庭野日敬　わしは、どこにいる？　君が教える番だろうが。

A──　いえいえ（苦笑）。

庭野日敬　教えを乞《こ》うとるんだ。わしは小学校卒なんだから。もう、小学校でも、まともに勉強してないんだよ。

周りには、お坊《ぼう》さんだけでなく、いろいろな人がいる

司会　著名《ちょめい》な方で、ご一緒《いっしょ》におられる方は？

庭野日敬　著名、著名……。著名って、どのあたりを著名というんだ？

司会　例えば、日本の歴史のなかで、ある程度、名前の知られた方で、同じ世界におられる方はいらっしゃいませんか。

庭野日敬　だから、お釈迦様には会えない。うん。会えない。

司会　はい。

庭野日敬　日蓮さんや空海《くうかい》さんあたりにも会えない。

司会　円珍《えんちん》さんはどうでしょうか。

庭野日敬　円珍、円珍、どっかで聞いたような名前だな。

司会　円仁《えんにん》さんと同じ時代の方です。

庭野日敬　円珍とは仲が悪かったのかなあ、あれ。

司会　はい？

庭野日敬　仲が悪かったんだよ。

司会　仲が悪かったから会わないのですか。

庭野日敬　うん、うん。

司会　（笑）

庭野日敬　仲が悪かったの。どっちがしたか知らないけど、分派活動をしたので、ほんとは仲が悪いんだよ。

司会　僧侶《そうりょ》だけではなく、日本の歴史のなかで、ある程度、名前の知られている方で、同じ世界におられる方はいらっしゃいませんでしょうか。

庭野日敬　名前を挙《あ》げてくれよ。そしたら、いるかどうか、言うから。
司会　そうですね。鎌倉《かまくら》時代の僧侶とか。
庭野日敬　いや、鎌倉時代の僧侶っていうのは、たくさんいるだろ？
司会　あるいは、平安時代の僧侶とか……。
庭野日敬　君、わしは、日本史がよく分からんのだ。そんなにいじめるでないって、さっきから言ってるだろうが。学校を出てないんだから。
司会　今、霊界《れいかい》において、お友達として親しいのは、どういう方ですか。
庭野日敬　友達？
司会　はい。
庭野日敬　うん。まあ、それは、立正佼成会の信者で、死んだ人がいっぱいいるから、そういう人とは付き合ってるよ。だけど、あんたがたは知らないだろう？　きっと。

司会　はい。それ以外に、古い方で、どなたかいらっしゃいませんか。

庭野日敬　うーん、「著名」だっていう意味が分からないから。その著名ってなあに？

司会　有名な方ということです。

庭野日敬　有名？　ああそういうことか。有名な人って言っても、あんたがたは、鎌倉時代の人とか、平安時代の人とか、まあ、ずいぶん大きい話を言うからさ、そんなの答えられるわけがないだろうが。

司会　申し訳ございません。

ただ、名前を語って出てくる方はいらっしゃいませんか。

庭野日敬　うーん、ああ、そうだね。天台宗系にすこーしいるかもしらんけど、その人が有名なのかどうか知らんものな。

司会　例えば？

庭野日敬　「例えば」って言われても、うーん……。君らが思っているような人はいないかもしれない。

司会　そうですか。でも、◯◯さん（Aのこと）は仏教に詳《くわ》しいので……。

庭野日敬　ああそう。名前を挙げてくれよ。知ってたら、知ってるって言うから。嘘《うそ》は言わない。

A――　そうすると、少し偉い方になるかもしれませんが、鑑真《がんじん》さんはどうですか。

庭野日敬　鑑真？　ああ、聞いたことはあるなあ。会ったことはない。うん。

A――　あとは、そうですねえ。江戸《えど》時代等の方は、周りにいらっしゃいますか。

庭野日敬　まあ、それはいるかもしれない。

A――　明治時代は？

庭野日敬　ああ、いるかもしれない。

Ａ──　周りには、やはりお坊《ぼう》様が多いのでしょうか。

庭野日敬　うん、まあ、いろんな人がいるよ。いろんな人がいる。うん。

あの世では、立正佼成会《りっしょうこうせいかい》の〝卒業生〟を指導している

Ａ──　その方々は、普段《ふだん》、どのような生活あるいは仕事をされているのでしょうか。

庭野日敬　うーん、だから、わしは立正佼成会《りっしょうこうせいかい》の指導を仕事にしてるからね。まあ、立正佼成会も、もう長いので、死んでる人がいっぱいいるわけよ。あの世に何万人もいるのよ。何万か、もうちょっといるかもしらん。

そういう立正佼成会の〝卒業生〟がいっぱいいるので、その同窓会の会長をやってるんだよ。だから、けっこう仕事はあるのよ。だけど、立正佼成会の卒業生を、あんたがたは誰も知らんでしょう？

Ａ──　長沼妙佼《ながぬまみょうこう》さんは、お近くにいらっしゃるのでしょうか。

庭野日敬　ああ、妙佼さんね。それがね、妙佼さんが、〝妙〟なんだよ。妙佼さんと、

なんか会えないんだよなあ。なんで会えないんだろう。

A――　お近くではないのですね。

庭野日敬　偉いのか、別の世界に行ってるのか。どっかには行ってるんだろうね。

A――　噂《うわさ》などは、何かお聞きになられていませんか。

庭野日敬　うん、まあ、最期《さいご》は、不遇《ふぐう》な死に方をしたからね。

本来は、妙佼さんが「霊降ろし」したのを核《かく》にして宗教をつくったんだけども、妙佼さんを立てていた連中は、宗教の純粋化《じゅんすいか》運動を起こして、立正佼成会を、霊能者を中心とした宗教にしようとした。けれども、多数派を形成したのは、わしのほうだったんだ。こっちのほうが政治力があったということだな。

だから、あちらのほうが、君らの言葉で言えば分派活動的なかたちになったので、晩年は不遇な感じで亡くなっていったところがある。その妙佼さん側についていた連中は、妙佼さんを連れてどこかへ行ったらしいので、こちらでは一緒にはいないんだよ。うーん。

まあ、庭野派と妙佼派に分かれたけど、妙佼さんが先に死んでくれたので、一本になれたというところかな。ほんとは、あちらが霊能者だから教祖でもよかったんだけど、わしも男だからさ、欲があるじゃないか。な？

A――　生前、プロレスがお好きだったと、自伝には出ていますが。

庭野日敬　君、話をだいぶ落としてきたな。

A――　（笑）

庭野日敬　プロレスだって野球だって、それは好きさ。それがどうしたの？

A――　最近、山本小鉄《こてつ》というプロレスラーが亡くなられたと、マスコミで報道されていましたが……。

庭野日敬　君なあ、あんまりばかにしちゃいけないよ（会場笑）。そんなのには引っ掛《か》からないよ。

7　宗教と政治の関係について

「政教一致《いっち》」を唱える幸福の科学をどう思うか

司会　私のほうから、最後に、幾《いく》つかお訊《き》きしたいのですが。

庭野日敬　ああ。

司会　当会は、今、「政教一致《いっち》」の観点から政治に踏《ふ》み込《こ》んでおりますので、まず、「政教分離《ぶんり》」と「政教一致」についてのご意見をお伺《うかが》いしたいと思います。

庭野日敬　うん。まあ、わしは、あんまりよく分からないんだけど、創価学会の反対だから、創価学会が政教一致をしてるんだったら、その反対運動をしていたということだ。創価学会も、いちおう政教分離を宣言はしてるけど、でも、実際は一致してるよな？

そういう意味では、まあ、宗教は自由だから、何でもいいんだけどさ。ただ、政教一致の目的が、結局、「一宗で国家の宗教を独占《どくせん》し、他宗を迫害《はくがい》してやろう」ということだったら、それはやっぱり許せないので、止《と》めなければいかんわな。

創価学会自体は、他宗排撃《はいげき》をやってやってやりまくりましたからね。「折伏《しゃくぶく》大行進」で、あれだけ他宗排撃をやったところが国教みたいになったらどうなるか、それは想像したら分かるだろ？　われらは、刑務所《けいむしょ》に放り込まれるに決まってるから、これは反対するしかない。

司会　逆に、他宗に寛容《かんよう》な宗教が、政教一致を唱えることについてはどうでしょうか。

庭野日敬　まあ、ほんとに寛容ならいいけど、政権を取ったら変心することもあるからねえ。気をつけないといけない。最後は、全国民を信者にしたくなるのは、やっぱり宗教の本性《ほんしょう》だからね。イスラム教でも、キリスト教でも、みなそうだから。

司会　そのあたりに関して、幸福の科学についてはどう思われますか。

庭野日敬　うーん、まあ、わしの判断能力を超《こ》えているけどさ。ずいぶん若い宗教だし、インテリがずいぶん多いらしいので、わしらとは、ちょっと出自《しゅつじ》が違《ちが》う宗教のようだね。まあ、時代が違うので、「新しい時代の宗教として、どうされるのかなあ」と思って見ておりますよ。

今の立正佼成会《りっしょうこうせいかい》の連中も、もう、戦闘意欲《せんとういよく》はあまりないみたいだね。わしもいないから、新しいものを打ち出せないしね。後進の者たちも、宗教界のリーダーみたいなかたちで政治力を発揮することには、もう、疲《つか》れ果てているというか、「エネルギーを使うので、かなりきつい」ということで、公称《こうしょう》人数もだんだん減らしてきていると思うんだよな。

だから、創価学会と競争して信者数を多く見せてたところから、今は、だんだん少なめに発表し始めているので、これは、「政治色を落としていこう」としているのかもしれないし、あとは、「重荷に耐《た》えられない」ということかなと思う。

宗教として、今の幸福の科学の勢いや舌鋒《ぜっぽう》の鋭《するど》さを見たら、それはちょっと、まともに戦って勝てる相手とは思わないね。それは、みんな感じていることだよ。だから、われらには、もうどうすることもできないので、あなたがたがどうされるかを見守っている状態だ。

ただ、宗教界の常識的な意見としては、「初代の教祖はカリスマ的に教団を大きくするけど、そのあとは、すぐ消えてしまうことが多い」というのがあるからね。創価学会の池田さんみたいに三代目で大きくなるようなこともあるから、例外がないとは言えないいんだけども、だいたい、初代で大きくなって、そのあとで潰《つぶ》れることが、ケースとしては多いんでね。

幸福の科学が、そういうふうになるかならないかを、宗教界は、今、じっと見ているところだな。大団体として継承《けいしょう》されていって、山脈のようにずーっと続いていくような団体になるのかならないのかを、今、じっと見ている。

一代で大きくなって、勝手に消えていくんだったら、別に何もせずに済むことなので、手をこまねいて見ているだけでいいけど、「大山脈になっていくんだったら、いちおう研究して対策を立てなきゃいけないかな」と思って、みんな、見ているところかな。

今、政治に関しては、創価学会は単独でやっているし、新宗連《しんしゅうれん》はまとまって見守ろうとしている。幸福の科学はそっちにも入らないで、第三極として、自分らでやろうとしているんだろうとは思っておりますけどね。

まあ、政治絡《がら》みでは、今、ちょっと難しい関係にはなっているな。わしらは、民主党のほうを応援《おうえん》していて、あなたがたは、ちょっと自民党系についていた。まあ、元はわしらも自民党についていたんだけどね。創価学会が嫌《きら》いだから、民主党のほうに来たけど、君らは、妙《みょう》に使い分けたんだろ？

宗教としては、創価学会は嫌いだけど、政治のほうで、創価学会が自民党と組んでやっていても黙《だま》っているというような、妙な日和見《ひよりみ》を君らはしたよな。今後、そのへんをどうされるのか、よく知らんけどさ。いずれにしても政治は茨《いばら》の道だよ。まあ、難しいと思うよ。うん。

司会　われわれは、国益に適《かな》った政治を実行できるところに対しては、ある程度の援助をしていこうということから始めたわけです。

庭野日敬　うん。でも、いちおう言っておくけどね。あなたがたは、創価学会とは違うと思ってるかもしらんけど、「政治に進出して、権力を目指す」ということになったら、ほかの宗教も、いちおう警戒《けいかい》するということは事実だからね。それは知っておいたほうがいいと思うよ。うん。

新宗連《しんしゅうれん》は、宗教界の利益を護《まも》る〝宗教労働組合〟

司会　あと、もう一つは、新宗連《しんしゅうれん》が民主党と結びついたことに関してなのですが、思想的に左翼《さよく》的な面や唯物論《ゆいぶつろん》的な面が強い政党と、宗教が結びついていくことについては、どう思われますでしょうか。

庭野日敬　まあ、わしはね、そんなに勉強はできないから、分からないのよ。政治思想は、ほんとはよく分からないんだ。

司会　はい。

庭野日敬　ただ、労働組合が、郵便局員の利益を護《まも》ったり、学校の教員の利益を護ったりしてるのと同じで、〝宗教労働組合〟をつくって、宗教界の利益を護っているだけなんだ。

まあ、あんたがたは、宗教弾圧《だんあつ》を恐《おそ》れてるかもしれない。わしらが民主党を応援していれば、民主党が宗教界全体を不利にするようなことはできないだろうとは思ってるけれども、創価学会と幸福の科学だけをターゲットにして、何かできるかもしれないので、そこは、気をつけて、上手にやらないといけないと思うな。

「政治活動に参入した宗教にだけ、税金をかける」とかね。そういう意地悪は、やれないことはないからさ。そのへんは、よく気をつけないといかんと思うな。

司会　はい、ありがとうございます。

あの世はあるから、現代においても宗教は役に立つ

司会　最後の質問ですが、あの世に還《かえ》られて、宗教をトータルで見たときに、「宗教の公益性」ということについて、どのように考えておられるでしょうか。
庭野日敬　君らは、頭のいい人が多いのかもしらんが、なんだか言葉が難しいなあ。

司会　「現代において、宗教は人々の役に立つかどうか」という観点です。

庭野日敬　ああ、宗教は人の役に立つか？　まあ、「役に立たない」と言ったら、君、それは詐欺《さぎ》だろうが（会場笑）。何が何でも「役に立つ」と言わないとね。答えは、それ以外にあるわけがないでしょうが。

司会　霊的《れいてき》な視点から見て、どう思われますでしょうか。

庭野日敬　霊的な視点から見て？　それは、あの世はあったよ。死んでみたら、あの世はあったよな。だから、やはり、「あの世がある」ということを認めるのが、正しい宗教だよ。「あの世はない」と言ってる宗教があるかどうかは知らんけども、「あの世はない」って言う宗教は間違ってるよ。これははっきりしてるな。

それ以外については、まあ、「政治的に、どういう思想が正しいか」というのは難しいし、「どの宗派が正しくて、どこが間違っているか」みたいな基準を立てるのは、かなり難しいところがあると思うな。

ただ、さっきも言ったように、『法華経《ほけきょう》』をやったところは、みな、政治的になってくるところがあるね。『法華経』の平等性と民主主義とは結びつきやすい感じがあるので、政治性を帯びてくるところがあるな。

そういうのとは違うところというか、独自の修行《しゅぎょう》、自力修行に励《はげ》んでいくようなところは、政治性が薄《うす》くなる場合が多いから、あなたがたが、どっちに行こうとしているのか、今、見られてるところかな。

あなたがたの政治的野心が、純粋《じゅんすい》なものなのか、それとも利己的なものなのかを、今、見られてるところなんじゃないだろうかね。うん。

この霊言の企画《きかく》だって、「他宗をどう〝料理〟したいと思ってるのかなあ」っていうことは、やはり、みんな関心があるんじゃないかな？　アハハハハ。うちの信者を取ろうとしてるのか、あるいは、どこか、よそを潰そうとしてるのか、そのへんの意図がよく見えないところがある。

司会　そういうわけではありません。

やはり、宗教はベールに包まれていて、実態が見えないところがあるので、「どの宗教がよくて、どの宗教が悪いか」という差別化が難しいわけです。それで、全部をひっくるめて、「宗教はよくない」といった見方をされることがあります。

庭野日敬　それは、わしも含《ふく》めてな、まあ、創価学会もそうだろうけども、宗教全体の評判が悪かったことについては反省するよ。

あなたがたの先輩《せんぱい》たちの所業が悪かったから、宗教の評判が悪いんだろうよ。だから、評判のいい宗教をおつくりになられたらいいと思いますけどね。

ただ、あまり批判が過ぎると、「創価学会の再来か」みたいに言われることもあるので、そのへんは気をつけられたほうがいいかもしらんね。

むしろ、害になるなら、黙っていたほうが安全だね。うん。

司会　はい。本日は、どうもありがとうございました。

8 霊《れい》としての「悟《さと》り」がまだ十分ではない

正直なところ、あの世へ来ても霊界《れいかい》全体については分からない

庭野日敬　なんだか、あまり偉《えら》くないみたいで申し訳なかったな。嘘《うそ》を言ってもいいなら、なんか言うんだけどね。「お釈迦様《しゃかさま》と毎日会ってる」などと言えば、それは箔《はく》が付くけど、嘘はやはり言いたくないからさ。

「あの世へ来ても、よく分からない」っていうのが、正直なところだ。あの世へ来ても、霊界《れいかい》全体については分からないし、会えない人もいっぱいいる。偉くて会えない人と、どこにいるか分からなくて会えない人とが、たくさんいるので、わしには、神通力《じんつうりき》が足りないのかもしらん。

あとは、立正佼成会《りっしょうこうせいかい》の〝卒業生〟が、あの世にいっぱい来てるから、今は、そういう人たちのお世話をする仕事を中心にしているのと、この世の教団のほうも見ている

というのが、毎日のほとんどの生活だよ。

あなたがたは、「過去世が何か」とか、「有名な坊《ぼう》さんと知り合いかどうか」とかを訊《き》きたくてしょうがないんだろうけど、残念ながら、過去の偉い方々は、みな、「立正佼成会って何？」って言ってるような状態で、まだ、それほど認めてくださってないようだ。まあ、長い日本の歴史から見たら、「戦後の一時期に、ちょっとだけ勢力を拡張した教団」というぐらいにしか見えていないんじゃないかね。うん。

司会　ありがとうございました。以上とさせていただきます。本日は、本当に……。

庭野日敬　こんなんでいいかな？　本にするにはちょっと情けない内容だったな。すまんな。

司会　いいえ、とんでもないです。

庭野日敬　なんか、もうちょっと、「日蓮《にちれん》を指導した」とか、一言ぐらい嘘を言ったほうがよかったかな？

司会　いえいえ。実直なご意見を賜《たまわ》りまして、本当にありがとうございました。

庭野日敬　「日蓮を指導した」と言いたかったなあ。でも、言えないからしょうがないよなあ。指導できないんだからしょうがないわ。まだ、直接、教えてくれないんだからさ、分かんないよ。うーん。

まあ、普通のおっさんなんだよ。漬物屋《つけものや》のおやじとしては、異例の出世だよ。

司会　いえいえ。あなたほどの方が、そういう謙虚《けんきょ》なお言葉を発されるということ自体が、偉大《いだい》なことであると……。

庭野日敬　いや、きっと君らのほうがずっと偉いんじゃないか。もう、君らの言葉が難しく聞こえてしょうがないから。

司会　申し訳ございません。

庭野日敬　まあ、ずっと偉い方なんだろうけどさ。ここは霊能系の教団らしいから、あえて言うけど、本当に外から分かりにくい宗教っていうのは、実は、わしらのようなところじゃなくて、霊能系のところなんだ。霊能系の内容は分からないから、社会の目から見て分かるような活動のところを、きっちり出していかないといけない。そこに気をつけたほうがいいんじゃないか。

司会　はい。ありがとうございます。

それでは、本日は本当にありがとうございました。

庭野日敬　まあ、「地獄《じごく》にはいない」ということだけ、言っといてくれや。

司会　はい。分かりました。

庭野日敬　ああ、はい、はい。

死んで十年では、まだ最終的な世界に行き着いていない

大川隆法　まあ、どうでしょうか。この人は、どのあたりにいますかね。まだ、死んで、それほど時間がたっていないですからね。

司会　そうですね。

大川隆法　亡くなったのは何年ぐらいでしたか。

司会　一九九〇年代の末《まつ》ぐらい、一九九九年でしょうか。

大川隆法　亡くなって十年ぐらいでは、まだ、本来の世界に行き着いていないかもしれませんね。

司会　はい。

大川隆法　まだ、途中《とちゅう》の世界を順番に巡《めぐ》っているところで、最終的な世界までは行き着いていないのではないでしょうか。おそらく、そうでしょうね。

だから、まだ、立正佼成会の昔の知り合いで亡くなった方と交流しているような状況《じょうきょう》で、本人の霊としての悟《さと》りを、まだ十分に得ていない状態にあるのではないでしょうか。この段階が終わらないと、高級霊からの指導がスパッと来ないのではないかと思いますね。

司会　そうですね。

大川隆法　まだ、この世に惹《ひ》かれている部分もあるのではないでしょうか。

推定するに、このレベルだと、少なくとも菩薩界《ぼさつかい》までは還《かえ》っていないようには見えます。まあ、いずれは還るかもしれませんが、今いる所は、どうも、善人界の上のあたりのような感じがします。

司会　はい。

大川隆法　いずれは、それなりの世界に還られるのではないかとは思います。まあ、悪人ではないでしょう。

でも、この世的な属性がまだかなり強いですね。この人に比べれば、例えば、松下《まつした》幸之助《こうのすけ》さんあたりのほうが、霊的な自覚というか、悟りは、もう少しはっきりしていますね。

やや、この世的な感じがします。有名なお坊さんとは接触《せっしょく》がないようですしね。

司会　はい。魂《たましい》の兄弟とも、まだ接触していないようですので……。

大川隆法　よく分からないんですね。

司会　はい。

大川隆法　『法華経《ほけきょう》』には、そんなことは書かれていないから、よく分からないんですね。おそらく、『法華経』以外は、あまり読んでいないのだと思います。

そのあたりの限界のようなものを感じますね。

司会　はい。

大川隆法　それでは、庭野日敬さんについては終わりにしましょうか。

司会　はい。ありがとうございました。

第2章

真如苑《しんにょえん》の「実態」を霊査《れいさ》する

――伊藤真乗《いとうしんじょう》の霊言《れいげん》――

二〇一〇年九月一日の霊示

伊藤真乗《いとうしんじょう》（一九〇六～一九八九）

在家仏教教団「真如苑《しんにょえん》」の開祖。一九三六年、真言宗醍醐派《しんごんしゅうだいごは》総本山醍醐寺にて出家得度《とくど》し、一九三八年に東京都立川市に真澄寺《しんちょうじ》を建立。このとき、団体名称《めいしょう》を「立川不動尊教会」とした。一九四八年には「まこと教団」と改称し、真言宗から独立するが、一九五〇年にリンチ事件を起こして告訴《こくそ》される。一九五一年には「真如苑」と改称。『大般涅槃経《だいはつねはんぎょう》』を根本経典として新体制を発足《ほっそく》させ、一九五三年に宗教法人として認証された。

［質問者二名は、それぞれB・Cと表記］

1 謎《なぞ》多き教団・真如苑《しんにょえん》を検証する

大川隆法　私もあまり詳《くわ》しくは知らないのですが、東京都の立川市の辺りで力を持っている「真如苑《しんにょえん》」という宗教団体があります。

この教団は、この世的には、かなり上手に運営しているように見えます。しかし、「非常にお金がある宗教だ」「芸能人などの有名人をよく信者にする宗教だ」などと言われているわりには、活動の実態や教義がよく分かりません。

以前、オウム教を一生懸命《いっしょうけんめい》に応援《おうえん》して、当会を批判していた、宗教学者の島田裕巳《しまだひろみ》氏などは、真如苑をやたらと高く評価しています。

しかし、あの人が高く評価する宗教は、よく潰《つぶ》れるのです。たいていの場合、価値判断が逆であるため、あるいは真如苑に危機が迫《せま》っているのかもしれません。

島田裕巳氏は、「創価学会、立正佼成会《りっしょうこうせいかい》に続いて、真如苑が日本の宗教のナンバースリーなのだ」という言い方をしているようです。「公称《こうしょう》九十数万人の信者がおり、実質ナンバースリーなのだ」というようなことを言っているのですが、私は、一定の疑いを持っています。

例えば、真如苑には、国内の支部の数が五十カ所程度しかないようですが、「宗教の運営において、五十幾《いく》つの支部で、九十数万人の信者を抱《かか》えるのは無理ではないか」と思います。

広大な日産自動車村山工場の跡地《あとち》を買ったため、「すごい金持ちだ」というような報道も多かったのですが、銀行から何百億円も借り入れて買っているところを見ると、必ずしもそうではない印象を受けます。「不動産の値上がりを見込《みこ》んだ財テクではないのか」という感じがするのです。

十数億円の仏像はキャッシュで買っているため、「実像はどうなのか」と疑問に思うところが少しあります。

さらに、「一般《いっぱん》の書店で本も売られていないのに、そんなに信者が増えるのか」という疑問もあります。

また、職員数が少ないことを非常に強調しています。「職員数は、三、四百人ぐらいではないか」と言われているのですが、九十数万人も信者がいて、その職員数で果たしてもつのか疑問です。あるいは、ローコスト経営をやっているのでしょうか。

しかも、外部に公表されている〝修行の料金体系〟は、かなり安く、数千円の範囲《はんい》内のようなので、「実像は少し違《ちが》うのではないか」という感じがします。

島田氏は、「真如苑の信者は磁気化されたＩＤカードを持っており、それを通して教団施設《しせつ》のなかに入るようになっている。それが使われた回数から割り出して、『九十万人いる』と称しているため、間違いないだろう」と言っています。

真如苑は、信者がそのようなカードを持ち、それを使わないと施設に入れないような宗教なのです。

当会で、それを想像してみると、やはり、「大きな宗教では、そんなことはありえないのではないか」と思います。そういうことは、秘密結社のような宗教でしかありえないので、「おそらく実像は違うのではないか」という感じを持っています。

真如苑では、職員が、三、四百人しかいない一方、「霊能者は千人以上いる」とも言っています。霊能者が人生相談に乗る「接心《せっしん》」というものが、どうも活動の主力らしいのです。

したがって、外部に公表されている〝料金体系〟とは別に、もしかしたら、そういう霊能者が人生相談することで、多額の布施《ふせ》などを、別途《べっと》いただいているのかもしれません。

このように、この教団は、虚実《きょじつ》の両方があるように感じられ、実態がよく分からないのです。

「立川市を中心にした真如苑と、八王子市に創価大学を持つ創価学会とが、東京の西部で、激しく信者の取り合いをしている」という説もあることはあります。ただ、謎《なぞ》に包まれていて、よく分からないのです。

真如苑の教えそのものは、おそらく真言密教《しんごんみっきょう》系だろうと思います。そのため、阿含《あごん》宗《しゅう》やオウム教などの修行方法と、かなり近いものがあるのでないかと思われます。

「霊能者が千人以上も出ている」ということに対しても、やはり一定の疑問がないわけではありません。

その正体が善なるものか、悪なるものか、もう一つ、分かりかねています。

「密教なので、外から見えなくてよいのだ」という言い方もあるでしょうが、判定しにくい団体のわりには、やや評価が高くなっている点も理解できません。

真如苑は、伝統的な宗教にかなり近いような内容を持っていると思うのですが、当会とライバル的な扱《あつか》いをされる場合も多いため、一度、検証してみたほうがよいのではないかと思います。

伊藤真乗氏とは、会ったことも、話したこともありません。戦前から戦後を通しての新宗教の創立者の一人であり、二十世紀の初めぐらいに生まれた方ではないかと思います。

2　自分の死を自覚していなかった伊藤真乗の霊《れい》

大川隆法　それでは、これから呼んでみますが、この方は天国に行っているのか、地獄《じごく》に行っているのか、まだ判定がついておりません。

もしかすると、多少、お見苦しい点があるかもしれませんが、その場合は、ご容赦《ようしゃ》願いたいと思います。

昨日、見たもの（文鮮明守護霊《ぶんせんめいしゅごれい》）ほどではないと思います。


（数回深呼吸をする。約十秒間の沈黙《ちんもく》）


宗教法人真如苑《しんにょえん》の創立者にして、教祖・伊藤真乗の霊を招霊《しょうれい》いたしたく、お願い申し上げます。

真如苑の教え主であるところの伊藤真乗の霊よ。

どうか、幸福の科学総合本部に降りたまいて、あなたのお考えや宗教的信条、あるいは、われら幸福の科学に対するアドバイスや、「霊能系宗教のあるべき姿」についてのアドバイス等をお持ちでしたら、ご指導のほど、お願い申し上げます。

真如苑の創立者・伊藤真乗の霊よ。

どうか、幸福の科学に降りたまいて、われらを指導したまえ。

（約五秒間の沈黙）

伊藤真乗　ゴホッ、オエッ、ウゥーン、ウゥーン……（約一分間、唸《うな》り声《ごえ》が続く）。

B――　真如苑の創立者・伊藤真乗さんでいらっしゃいますか。

伊藤真乗　ウゥーン、アア、ウゥー、ウゥーン……（唸り声が続く）。

B――　伊藤真乗さんでいらっしゃいますでしょうか。

伊藤真乗　ウゥーン、ウゥーン……（唸り声が続く）。ハア、ハア、ハア……。

B――　今、幸福の科学にお呼びいたしました。

伊藤真乗　あ？

B――　ここは、幸福の科学の総合本部でございます。

伊藤真乗　知らん。

B――　宗教法人幸福の科学をご存じですか。

伊藤真乗　ああ、知らない。ああ、知らない。アアッ、アアッ、アアッ。

B――　非常に苦しそうな表情をされていますが。

伊藤真乗　アアーッ、「死」というのは苦しいものなんだ。うん。アアッ、アアッ、アアッ、アアーッ。

B――　今、どのような世界にいらっしゃいますか。

伊藤真乗　ああっ？

B―― どのような所にいらっしゃいますか。

伊藤真乗　ウゥーン、君の声が遠くて聴《き》こえないんだ。何を訊《き》いているのかなあ。

B―― 今、どんな所にいらっしゃいますか。周りは、どのような様子ですか。亡くなられたあと、どのような状況《じょうきょう》ですか。

伊藤真乗　ああ？　ハァ、ハァ、それが分かったら、苦労しないよ。アアッ。ここがどこなのか分からないんだ。教えてくれ。アアッ。

B―― あなたは、「一九八九年にお亡くなりになった」と聞いておりますが。

伊藤真乗　ああ、そうか。死んだか。やっぱり、死んでいるんだ。ハァ、ハァ、そうだとは思った。死んでいるとは思った。死んでいるとは思ったが、ここがいったいどういう所なのかは、よく分からない。霊界は難しい。分からん所だ。

B―― 今、二〇一〇年でございます。

伊藤真乗　はあ？

B――　あなたが亡くなられてから、もう二十一年が経過しております。

伊藤真乗　二十一年？　うーん……。それは、ちょっと分からんなあ。八九年に死んだって？

B――　はい。

伊藤真乗　そうか。そんなになるか。八九年に死んだか。うーん、そうか。それで、今は……。

B――　二〇一〇年です。

伊藤真乗　はあ。二十年ぐらいたったのか。

B――　はい。二十年たちました。

伊藤真乗　アアッ、二十年か。ああ、苦しかったなあ。ああ、何をしてたのか、分からないが……。アアッ、アアッ、アアッ。

B――　あなたの周りに、どなたかいらっしゃいますか。

伊藤真乗　ああ？

B――　どなたか周りにいらっしゃいますでしょうか。

（約五秒間の沈黙）

伊藤真乗　言ってることの意味が分からないんだが。何を言っているんだ？

B――　亡くなられたあと、どなたかとお話しされたことは……。

伊藤真乗　自分が亡くなったことを、今、確認したんだ。

B――　今、確認されたのですか。

伊藤真乗　今、「死んだらしい」ということを確認した。「そうかな」という感じは、ちょっと、あったんだが、これが本当に死んでるのか、昏睡《こんすい》状態なのか、病気なのか、ちょっとよく分からなかったんだ。わしは亡くなったんだな。

B――　体がずっと動かない状態でしたか。

伊藤真乗　だから、うーん……、状況が飲み込《こ》めない状態が続いていたんだ。ま、話ができてよかったよ。君、初めて会う人間かなあ。

B――　はい。

伊藤真乗　ああ、しばらく人間に会ってないんだ。死んでいたとしたら、二十年ぶりに人間に会ったんだ。

B――　そうですか。

伊藤真乗　自分が死んでいると、はっきり分からなかった。「もしかしたら」とは思ったけども、「まだ死ぬ前なのかなあ」という感じもあったのでね。うーん、やっぱり、死んでたか。うん、そうか（舌打ち）。ま、年は取ってたから、死んでもおかしくはないんだがなあ。ああ。死んでたか。そうか、やっぱり、死んでたか。うーん、そうか。宗教家でも死ぬんだ。

アアッ、頭が痛い。差し込みが来るなあ。何だ、この差し込みは。ここは、なんだか変な所だなあ。

B―― 今、いろいろな宗教団体について、教祖の方々にお話を伺《うかが》っているのです。

伊藤真乗　わしが死んだころに、幸福の科学なんてあったかなあ。

B―― 亡くなられたのは、幸福の科学が設立されて、さほど年数がたっていないころでした。

伊藤真乗　そうだろう。だから、そんなには、よう知らん。すまんな。失礼してるだろうな。今、立派になっておられるんかのう？

B―― はい。

伊藤真乗　失礼。あんまりよく知らんかったので、すまんな。失礼してるんだったら、すまんな。

B―― いえ、とんでもないです。

3　真如苑《しんにょえん》が説く「如来《にょらい》の世界」への疑問

自分を〝呪《のろ》う者〟を探す伊藤真乗

B――　それでは、真如苑《しんにょえん》について、少しお話を伺《うかが》いたいと思います。

伊藤真乗　ああ、真如苑のことなら、ちょっとぐらいは言えるかもしらんが、なんだか差し込《こ》みがくるんだ。誰《だれ》か、わしを呪《のろ》っとるのかな？

（額の左側に手を当てて）何か、このへんから差し込みが来るんだけどなあ。頭の左のほうだ。これは、どこから来てる？

この差し込みを治してくれんかな。頭痛薬はないのかね。このへんに差し込みが来るんだ。誰かが、わしを呪ってるんでないか。（会場を見て）いっぱい人がいるじゃないか。

Ｂ――　いや、幸福の科学の人間が「呪う」ということはございません。

伊藤真乗　そうか？　いや、どこかから、この差し込みが来るんだ。ここは、人がだいぶいるじゃないか。

Ｂ――　少し、お伺いしたいのですけれども……。

伊藤真乗　いや、ちょっと待て。この差し込みを止めてくれないと話ができんのだ。薬がないんだったら、とにかく、会話する前に、これを止める。君だって、歯が痛かったら、話ができないだろう。な？　分かる？

Ｂ――　それは分かります。

伊藤真乗　今、頭に差し込んでるんでね。この差し込みをちょっと止めたいんだ。これは発信源がある。どこかで発信してる人がいる。（会場に向かって）わしに差し込んでるのは誰だ？　それをちょっと止めてくれないか。誰がわしに差し込んでるんだ。え？　誰が差し込んでる？　これは、きっと裁いてるんだ。わしに対する「裁きの念」がどっかから来てるよ。どこだ？（会場の手前のほうを指して）こっちだ！　こっちから来る。その人に、止めてもらったら、話ができる。ちょっと待ってくれるか。

B――　はい。

伊藤真乗　ん？　なんだか変な道具があるな（机の左側に安置してある「ケリューケイオンの杖《つえ》」〔祈願《きがん》等で使用する祭具《さいぐ》〕を手に取る）。面白《おもしろ》いな。やっぱり、こういう道具は大事。宗教には道具が要《い》る。密教《みっきょう》でも、やっぱり道具が大事だ。（杖の鈴《すず》が鳴る）ああ、音がするんだ。びっくりするなあ。これで差し示してやろう。（ケリューケイオンの杖を会場に向けて）わしを呪っとるやつは、どいつかのう。うーん、うーん……。こいつだ！　こいつから呪いの念波《ねんぱ》が来ている。こいつは誰だ？　これは誰だ？この前に座っておるのは？

B――　幸福の科学の理事長（Cのこと）です。

伊藤真乗　じゃあ、わしに敵対心を持っとるんだな。

B──　必ずしもそうではないと思います。

伊藤真乗　こいつから、どうも来てるぞ。だから、頭が痛いんだ。こいつがそこに座ってるからだな。

B──　分かりました。それではですね……。

伊藤真乗　謝《あやま》ってもらえんか。そうしたら、話をするから。こいつだ、こいつだ。

B──　ケリューケイオンの杖を置かせてもらいます（杖を取り上げて、元の場所に戻《もど》す）。

伊藤真乗　（Cに）君、わしに悪意を持ってるだろ？（会場笑）理事長って、偉《えら》いのか。

B──　はい。

伊藤真乗　（舌打ち）じゃあ、幸福の科学ちゅうところの理事長は、わしに対して敵《てき》愾心《がいしん》を持っとるわけだな。これはライバル心か。ん？

B――　ちょっとお待ちください。まず、教団の成り立ちについて、お伺いしたいのですが。

伊藤真乗　幸福の科学の？

B――　いえいえ。

伊藤真乗　ああ、わしの？　ああ、そう（会場笑）。

B――　敵とか、云々《うんぬん》の前に、まず真如苑の成り立ちについて……。

伊藤真乗　あ、ちょっと薄《うす》らいだ。ああ、よかった、よかった。やっぱり、言うとくもんじゃな。言わんと止まらんものなあ。ああ、やられるところだった。危ない、危ない。

（Ｃに）ライバルか！（会場笑）

生前、「空海《くうかい》の生まれ変わりだ」と思っていた

Ｂ――　伊藤真乗さんは、真言宗《しんごんしゅう》の成田山新勝寺《しんしょうじ》や醍醐寺等で修行されてから真如苑を……。

伊藤真乗　（会場の奥《おく》のほうを指して）あっちからも、何か、ちょっと来る。あっちにも誰かいるなあ。呪うのをやめてくれないか。わしは、呪うのは得意だが（会場笑）、呪われるのは好きでないんだ。

Ｂ――　あなたは、真如苑を起こされましたが、「真言宗の流れを汲《く》んでいる」と理解してよろしいですか。

伊藤真乗　ああ、そうだ。

Ｂ――　そのなかでですね……。

伊藤真乗　ここは、ほんとに頭痛がする。何人もいるよ。ほかにも何人かいる。あっちにも二人ぐらい、わしを呪っとるやつがおるんだ。どこかなあ。話ができんから、ちょっとやめてくれんか。

今、いちおう協力しようとしとるんだからさあ。平和的に行こうじゃないか。呪うのをやめてくれよな。わしをばかにしてるやつもおるだろうが。ばかにしてるやつと、呪っとるやつがおる。

ちょっと叱《しか》ってくれるか。君、偉いんだろ？「邪魔《じゃま》だからやめろ」って、叱ってほしい。

B――　お話を聴《き》かせていただきたいと思います。

伊藤真乗　本をつくるのに邪魔だからね。もうちょっと心を穏《おだ》やかにするように、ちゃんと叱りなさい。

B――　分かりました。今、この収録を成立させるためにですね。

伊藤真乗　そうさせてほしいね。せっかく、わしが協力しようと頑張《がんば》ってるところなのに、今まで寝《ね》てて、やっと起きたところなんだからさあ。
それで、何が訊《き》きたいんだっけ？

B——　「真如苑は、真言宗の系統の一つである」と理解してよろしいでしょうか。

伊藤真乗　うん。まあ、わしは大阿闍梨《だいあじゃり》だからね。

B——　真如苑を独立した宗派として立てられた理由は何でしょうか。どのような経緯《けいい》でそうされたのでしょうか。

伊藤真乗　まあ、それは天命が下ったんだろうな。

B——　それは、何か「霊指導《れい》を受けた」ということですか。

伊藤真乗　そうだろうね。まあ、わしは霊能者だからね。修行を積んだからね。霊能者になったら、独立して一派を開くべきだと思うよ。

B——　生前、どのような方から霊指導を受けておられましたか。

伊藤真乗　いや、知らんけど。わしの自覚としては、生前、「自分は空海《くうかい》の生まれ変わりかな」と思っとったんだ（舌打ち）。

B――　ああ、そのように考えておられたのですね。

伊藤真乗　うん。空海の生まれ変わりかなと。ま、空海が現代に生まれりゃ、わしみたいになるだろうと思っとったからな。

B――　実のところ、「まだ過去世《かこぜ》を認識されていない」ということですか。

伊藤真乗　君ね、今、死んだことが分かったのに、何ちゅうことを言うんだ。

B――　そういうことですね。

伊藤真乗　ばかなことを言うんじゃないよ、君。そんなもの、数秒で分かるか。

B――　分かりました。ただ、天国に還《かえ》られたのであれば、二十年間も、そのような状態では……。

伊藤真乗　君ね、「天国」っちゅうのは、キリスト教なんだよ。何を言ってるんだ。仏教では、天国って言わないんだよ。

B──　分かりました。「極楽《ごくらく》」ですね。

伊藤真乗　（笑）ま、極楽は阿弥陀経《あみだきょう》だ。

「暗い世界に還《かえ》る」ことが、密教《みっきょう》の奥義《おうぎ》を極《きわ》めることなのか

B──　生前、正しい宗教を弘められたのであれば、現在の状況《じょうきょう》とは、ずいぶんギャップがあるように思うのですが、これについては、どのようにお考えですか。

伊藤真乗　今、頭を急速回転して、考えとるところだ。今、「死んだらしい」ということが分かったので、慌《あわ》てて、急速に、回顧録《かいころく》を書こうと考えとるところだ。

それで、何？　君、わしに「反省しろ」と言うてるのか。

B──　いえいえ。まず、今の状況を確認されたあと、ご自分のことを振《ふ》り返っていただいて……。

伊藤真乗　ああ、そうだ。弘法大師《こうぼうだいし》空海が、「生まれ生まれ生まれ生まれて生の始めに暗く、死に死に死に死んで死の終わりに冥《くら》し」なんて言ってたから、人生は暗いんだ。生まれる前も暗く、死んでからあとも暗い所に行くのが、人間の魂《たましい》なんだな。

だから、今、わしは弘法大師と同じ所に行っとるんだろう。

B――　いえ、そのようには、ちょっと感じられないのですが。

伊藤真乗　えっ、違《ちが》う？

B――　はい。

伊藤真乗　そうかな？　でも、彼は「暗い」って言ってるよ。

B――　いえ。

伊藤真乗　「生の始めに暗く、死の終わりに冥し」と言っとる。わしは暗い世界に還《かえ》ってるからな。

B―― 暗い世界なのですね。

伊藤真乗　暗い。だから、これは、たぶん、「密教《みっきょう》の最高の奥義《おうぎ》を極《きわ》めた」ということだな。わしは、空海と同じ心境にとうとう到達したんだ。

修行《しゅぎょう》の最終目標は「人間的機能を止める」こと？

B―― あなたは真如苑を通して密教を弘《ひろ》めることにより、どのような救済を考えておられたのでしょうか。

伊藤真乗　君ねえ。密教っていうのは、生きながら仏になる教えなんだよ。だから、わしの教えを受けて指導を受けた者は、みな、次々と仏になって、空海と同じ心境になれる。そういうところまで行ったわけだ。

B―― 「即身成仏《そくしんじょうぶつ》を願われた」ということですね。

伊藤真乗　まあ、そういうことだな。即身成仏こそ密教の本質だ。

B――　その修行《しゅぎょう》の方法というのは、どういうものですか。

伊藤真乗　君、それを明かさないのが密教だろ？　明かしたら、〝定価〟が取れないからなあ。わしが教えたら、あんた、お布施《ふせ》しなさいよ。

B――　真如苑には、たくさんの霊能者がいると聞いていますが。

伊藤真乗　うん、いる。みな、「尊い修行をして、仏になろう。如来《にょらい》になろう」としてる人たちだ。

ところで、君。ちょっと質問して、君の知識を試すぞ。いいか。「真如」って何だ？　言ってみろ。

B――　仏性《ぶっしょう》の中核《ちゅうかく》です。

伊藤真乗　うーん。「如来」って何だ？　言ってみろ。

B――　仏の化身《けしん》です。

伊藤真乗　うん。それで、「真如」と「如来」の関係は？

B―― 如来は仏の化身であり、それが、一人ひとりの心に宿っていて……。

伊藤真乗 あっ、君は勉強してないことが分かった。これで分かった。君には、僕に質問するだけの知識がないわ。それでは駄目《だめ》だな。

真如から来る人のことを如来と言うんだ。ハハハハハ。それが分からないんだったら、「仏教の初歩を勉強していない」ってことだな。

B―― いえ、そういう定義もありますが、言い方はいろいろとあります。

伊藤真乗 だから、真如苑っていうのは、「如来の世界」ということだ。如来が住む世界のことを真如苑と言う。

B―― 「たくさんの如来をつくっている」と主張されているのですね。

伊藤真乗 そうだよ。如来がたくさんいるよ。そういう修行所だな。それが真如苑だ。

B―― 「一人ひとりの心のなかに仏性があり、そのなかに如来の核になるような〝きらめき〟がある」ということであれば、幸福の科学と同じですが……。

伊藤真乗　まあ、いちおう修行は積まなきゃいけないけどな。「修行を積んで、正しい指導者に指導を受ければ、如来になれる」ということだな。

わしのような正しい指導者や、わしの後継者《こうけいしゃ》等から正しく指導を受ければ、まさしく如来の境地に達することができる。ま、そういうことだな。

B――　「修行によって霊能開発をする」ということを中心にされているのでしょうか。

伊藤真乗　まあ、霊能開発自体が目的ではないけども、最終の目標は、「涅槃《ねはん》に入《い》る」ことだよ。

君な、いいか。真如苑の根本経典は『涅槃経《ねはんぎょう》』なんだよ。『大般《だいはつ》涅槃経』が根本経典だ。「『大般涅槃経』を根本経典にしている」ってことは、「釈迦入滅《しゃかにゅうめつ》の境地を理想とする」ということだよ。

だから、みな、涅槃に入ることを理想としてるわけだ。死んだあとは、わしのように光も射さない薄暗い所で、静かに〝余生〟を生きる。これが「真如に入った」ということであり、「人間的機能を止めてしまう」ことが最終目標なんだ。

B――　しかし、ずいぶん苦しそうでしたけれども。

伊藤真乗　いや、今は元気になった（会場笑）。

B――　そうですか。それは、こちらに来られたからですか。

伊藤真乗　いやいや、「自分は病気かな？」とちょっと錯覚《さっかく》しとったんだな。ま、元気になった。元気いっぱいだ。なんだか、生きてるような気がするわ。なんだか、若返ったような気がするなあ。

B――　そうですか。

4　真如苑《しんにょえん》における活動とは

“霊能者《れいのうしゃ》”による「接心《せっしん》」が活動の中心

B――　それでは、もう少しお伺《うかが》いしたいと思います。真如苑《しんにょえん》では、どのような活動を中心にされているのでしょうか。

伊藤真乗　ん？　君、それは業界の秘密なんじゃないのか。そんなの、よその宗教が訊《き》いていいことか。

B――　今、多くの方々から、「真如苑の実態が見えにくい」と言われております。これを明らかにすることは、宗教として……。

伊藤真乗　密教《みっきょう》だから、修行の実態を見せないのは当たり前じゃないか。見せたら顕《けん》教《ぎょう》だろうが。

B―― しかし、活動形態が分からないと、新しく入ってくる者は、非常に不安が大きいと思います。

伊藤真乗　まあ、簡単だよ。人生相談、悩《なや》み相談に乗ってやってるだけだよ。霊能者《れいのうしゃ》たちが、人生相談、悩み相談に乗って、いろいろと指導してやるんだ。

長くやってる者は、だんだん修行《しゅぎょう》を積んでくるから、やがて自分自身が救済する側に変わってくる。こんなのは、仏教の普通《ふつう》のスタイルじゃないか。

B――「接心《せっしん》」と呼ばれているものですか。

伊藤真乗　ああ、そうだ。君らは、何か、うちの用語を使ってやっとるらしいじゃないか。許可を取ったんか。ん？

B―― いえ、用語は使っておりませんが。

伊藤真乗　いや、「接心」とか言ってるらしいじゃないか。

B―― ああ、そういうことを言う者もいます。

伊藤真乗　勝手に人のものを盗《ぬす》んだらいけないだろ？　気をつけなさい。

B――　どういう意味ですか。

伊藤真乗　だから、よそで流行《はや》ってると思って、まねしたんだろうが！　そういう弟《で》子《し》のアイデアっていうのは、ほんとに地獄《じごく》に行く道だから、気をつけたほうがいいぞ！

B――「人生相談に乗って高額のお布施《ふせ》をいただいている」ということですか。

伊藤真乗　いやあ、うちは、おまえらほど取ってない。

B――　あなたは、きちんと調べて、そうおっしゃっているのですか。

伊藤真乗　うん、感じる。おまえらには、もう、金満《きんまん》教団の雰囲気《ふんいき》が漂《ただよ》っとるわ。

転職してきた〝財テク要員〟が投資をしている

B――　世間では、「真如苑はセレブ系の金満教団だ」と見られているようですが。

伊藤真乗　そんなことはないよ。君らに比べれば、うちは質素なもんですよ。質素、質素。とっても質素だ。まあ、せいぜい仏像を高額で落札する程度だよ。

B――　そうですね。仏像をオークションで落札されたり、日産自動車の村山工場跡《あと》地《ち》を高額でお買い求めになられたと聞いています。

伊藤真乗　わしがやっとるわけではないぞ。言っとくけどもな。

もう、わしがやっとるわけじゃないが、〝財テク要員〟がちょっといてね。それは、君らと似てるのかもしらんけれども、〝財テク要員〟をちょっと抱《かか》えとる。転職してきた腕《うで》のいいやつがいっぱいいいて、投資してるんだよ。金融《きんゆう》に強いのが入ってきて、いろいろやっとる。まあ、そういうのがいるんだよ。

B――　なるほど。

密教《みっきょう》の〝シークレット〟なところは、有名人に都合がよい

B――　また、「有名人の信者の方がかなりおられる」ということですが、どのよう

にして、そうなったのですか。

伊藤真乗　あのねえ、有名人は悩みが多いけど、業界のなかで相談すると、やっぱり、バレるじゃないか。弱みを知られて、噂《うわさ》を流されると、命取りになるわな。だから、秘密を守ってもらえる宗教に来て、そういう告白をしてだねえ、そして、その悩みを解消するんだ。

そういうときには、密教《みっきょう》のような〝シークレット〟で、周りから知られないところが、非常に都合がいいんだよ。

みな、懺悔《ざんげ》したり、告白したり、悩み相談に乗ってもらいたいけど、「それを必要としている」ということは知られたくないんだ。

ま、そういう人向けには、うちは非常によくできた団体なんだな。

君らは、人をいっぱい集めて、説教ばっかりしてるんじゃないか。そんなんじゃ、そういうセレブは来ないよ。もっと個人相談をしっかりやらないとな。

B――「個人相談を中心にしている」ということですね。

伊藤真乗　うん。そうだな。

B――　それから、「磁気化されたＩＤカードがないと、教団施設《しせつ》に入れない」と聞いたことがありますが、そういう〝シークレット〟なところと関係があるのですか。

伊藤真乗　うーん。まあ、それはねえ、金目のものがあるからだ。盗難《とうなん》に遭《あ》うといけないのでね。そういうセキュリティは、今、大事だろ？

B――　セキュリティのためですか。

伊藤真乗　ああ、セキュリティだ。だから、変な者が入って来て、盗《ぬす》んでいくといかんから、セキュリティにはちょっと気をつけてる。

財テクに失敗し、職員をリストラしようとしている

B――　会員数は、公称《こうしょう》九十数万人と発表されていますが、実のところは、どのくらいなのでしょうか。

伊藤真乗　ん？　会員の数？　君ねえ、これは言っちゃいけない秘密だけど、もっと多いかもしれないな。

B——　言ってはいけない秘密？

伊藤真乗　うん。もっと多いんだけど、謙虚《けんきょ》に少なめに言ってる。密教だからね。

B——　そうですか。しかし、「真如苑の支部数は、国内で五十カ所程度」ということですので、会員数と比較して、支部が少ないのではないかと思われますが。

伊藤真乗　まあ、密教だからね。少ないほうが値打ちがあるんだよ。

B——　個人相談に乗るには、支部がもう少し必要ではないですか。

伊藤真乗　だから、たくさん信者はいるんだけど、そういう〝奥《おく》の院〟には、そう簡単に入れないところに値打ちがあるんだな。

B——　職員の数は三百人から四百人ぐらいと伺っていますが。

伊藤真乗　うーん、「ちょっとリストラしないといかんかな」と、今、言っているようだがな。

B―― 人生相談に乗るには少ないかと……。

伊藤真乗　この前、財テクに失敗したのよ。

B―― 失敗したのですか。

伊藤真乗　うん。今、株が下がってるだろう？

B―― はい。

伊藤真乗　前は十パーセントの利益が出てたんだがなあ。株価が崩壊《ほうかい》してしまって、もう、えらい目に遭ってるんだよ。だから、今、ほんとに、ちょっと困ってるんだよ。信者に知られたら困るんで、このことはお互《たが》い内緒《ないしょ》にしようや。な？

教団施設《しせつ》のなかでしか〝霊能《れいのう》現象〟ができない理由

B——その職員数ですと、個人相談はかなり厳しいのではないかと思いますが。

伊藤真乗　いや、在家の霊能者《れいのうしゃ》もだいぶいるから、手伝ってくれてるよ。

B——在家の人にも霊能者がいるわけですね。

伊藤真乗　ああ、いる、いる。

B——そういう人は教団施設《しせつ》以外でも、相談に乗っているのですか。

伊藤真乗　いや、それをやると、独立分派をいっぱいつくられるので、いちおう施設のなかでしか、〝霊能現象〟はできないことになっている。そうしないと、いろんな所で、分派がいっぱい出て、危ないだろう？　みな、教祖になれちゃうからね。

霊能者の公式認定書を出したら、教団を旗揚《はたあ》げできちゃうからね。それはまずいので、在家にもいちおう霊能者はいるけども、「教団施設のなかでやる」ということになってるなあ。

B――　「霊言のようなかたちで霊指導をしている」ということですか。

伊藤真乗　ま、人によって能力の差があるからな。ちょっと段階はある。霊言みたいな感じで、悩みにお答えするのが主流だけど、そこまでいっていない人は、直感的に聞こえてくるような声とか、そういうものでお答えしている。

君のところだって、なんだか支部長や館長は適当なことを言ってるんじゃないの？だから、責めるんじゃないよ。

B――　いえいえ。伺っているだけです。

伊藤真乗　うーん。「みな、霊能者のふりをしてる」っていう話じゃないか。

5　伊藤真乗の〝悟《さと》り〟とは何なのか

会場からの「念」で頭痛になる伊藤真乗

B――　あなたが教祖として活動されていたとき、「この方から霊《れい》指導を受けている」というような自覚はありましたか。

伊藤真乗　うーん、わしは、ずっと、「空海《くうかい》の生まれ変わりだ」と信じておったのだ。空海でなければ、お釈迦《しゃか》様の生まれ変わりかな？　どっちかだと思っておったがなあ。だから、わしが空海だったら、お釈迦様が指導霊《しどうれい》で、わしがお釈迦様だったら、空海は支援霊《しえんれい》かな？　君らの言葉で言えばね。

B――　しかし、それは違《ちが》います。

伊藤真乗　わしは真如《しんにょ》から来て、如来《にょらい》を束ねているんだから、まあ、そういう立場にあるわな。

Ｂ―― その自覚は一体どこから来ているのですか。

伊藤真乗　やっぱり、「霊能」を得たからな。人の心が手に取るように読めるからさ。これは神通力《じんつうりき》だよな。これはお釈迦様の……、あっ、頭が痛い痛い痛い痛い、痛たたた……。何か、差し込《こ》みがまた……。

だ、誰《だれ》だ？（ケリューケイオンの杖《つえ》を取って、会場に向ける）わしをいじめとるのは……。今のは痛かったなあ。どいつだ？

司会　言葉に偽《いつわ》りがあるから、反発が来るのではないですか。

伊藤真乗　いや、今、誰かが攻撃《こうげき》してきたんだよ。急にこっちから。

司会　先ほどの「お釈迦様か、空海か」という言葉に反発が来たのでは……。

伊藤真乗　その瞬間《しゅんかん》に攻撃が来たんだよ。

司会　では、その言葉が「嘘《うそ》だ」ということではないですか。

伊藤真乗　わしに悪意を向けたやつがいる。

司会　いや、悪意ではなくて、「嘘だ」という念が来たのではないでしょうか。

伊藤真乗　そうかなあ。

司会　それは嘘ではないですか。

伊藤真乗　（会場を指して）こいつは、今、抑《おさ》えとるから、こいつじゃない……。

司会　誰なのか、探しても駄目《だめ》です。そういう発言をするかぎり、念は来ます。

伊藤真乗　そう？

司会　はい。

B――　真実を語っていただきたいと思います。

司会　嘘をついたら、やはり来ますので。

B―― 真言《しんごん》というのは、「真実の言葉」なのではないですか。

伊藤真乗　あのねえ、宗教家に対して、「嘘つき」って言ったら、君ら、地獄《じごく》に堕《お》ちるよ。

司会　しかし、あなたの言葉は嘘ではないのですか。

伊藤真乗　（会場の前列を指して）いや、このあたり……、やっぱり、どっちかだな。お前らのうちのどっちかだよ。どっちだ！　正直に言え！　君、何か念を送ったか？　君、「嘘をついてる」と思ったか？　ん？　ああ、やっぱり思ったな（会場笑）。

司会　（苦笑）

伊藤真乗　悪人を発見した。二人目だ。やっぱり、並んでる順番に悪いんだ（Bがケリューケイオンの杖を取り上げ、元の場所に戻《もど》す）。

次は、あいつだな。

「涅槃《ねはん》の世界」とは、何もない静寂《せいじゃく》な暗闇《くらやみ》なのか

司会　「嘘だ」と思っている人のことは別として、嘘をつくのは悪人です。あなたは本当に大丈夫《だいじょうぶ》ですか。

伊藤真乗　本心だよ。わしは本心から言っている。

司会　では、なぜ即身成仏《そくしんじょうぶつ》された方が、自分が死んだことも分からなかったのですか。

伊藤真乗　だから、成仏して、今、「涅槃《ねはん》の世界」に入《はい》っているじゃないか。

司会　いやいや、二十年間、死んだことも分かりませんでしたよね。

伊藤真乗　だから、「涅槃の世界」にいるんじゃないか！「涅槃の世界」っていうのは、何もない、静寂《せいじゃく》な暗闇《くらやみ》のなかなんだよ。知らないの？

司会　しかし、死んだことも分からないというのは……。

伊藤真乗　君、仏教の勉強をしてないんだよ。

B―― どうして涅槃寂静にそんな苦しみがあるのですか。

伊藤真乗　涅槃寂静っていうのは、まさしく、薄暗《うすぐら》い、ぼんやりとしたものなんだ。電気が通ってないお寺の、夕方の薄暗闇の部屋のなかみたいなのが涅槃寂静なんだよ。言っとくけど、それが仏教の正統な解釈《かいしゃく》なんだからな。

B―― それを信じる人はあまりいないと思いますが。

伊藤真乗　昔は、電気がなかったからね。そういうふうに、ロウソクの炎《ほのお》をフッと吹《ふ》き消した状態が涅槃だと言われている。分かる？　これが正統な仏教の理論だ。これは仏教学者が聞いても、「伊藤真乗は正しい」と言うだろうな。

司会　「暗いか、明るいか」ということは別として、なぜ、「死んだ」という意識がなかったのですか。

伊藤真乗　君らが「涅槃の世界は明るい世界だ」と言うんだったら、それは「下のほうの世界だ」っていうことであり、まだ悟《さと》りに到《いた》ってないんだ。

司会　明るい世界は、悟りの低い世界ですか。

伊藤真乗　「世俗的《せぞくてき》な世界にいる」ってことだ。

「本来、心なし」が悟《さと》りの本質であるのか

司会　では、あなたの心はどうだったのでしょうか。

伊藤真乗　心？　何が？

司会　死後、二十年間の心です。

伊藤真乗　「心」なんて言っているうちは、まだ悟《さと》ってないんだよ、君。「本来、心なし」だ。これが大事なんだ。

司会　心はないのですか。

伊藤真乗　「本来、心なし」。これが悟りの本質である。

司会　あなたは、今、心を持っていない？

伊藤真乗　持っていない。いやいや、持っていないわけではない（会場笑）。今、君に合わせて、ちょっと心をつくり出しているだけだよ。

司会　つくり出している？

伊藤真乗　うん。心は作用であってね、本来、そんなものはあってはならないんだ。本来は、何にもない世界でなければならない。

司会　では、人間は、あの世に還《かえ》ったら、どうなるのでしょうか。

伊藤真乗　涅槃寂静の世界を目指すのが目標だ。あの世に還っても、まだ、君が言うような心なるものがあり、欲望があったり、考えがあったりして、迷っとるようであっては、「まだ、悟りの世界まで行っていない」ということなんだよ。

「梵天勧請《ぼんてんかんじょう》は伝説であり、悪魔《あくま》は心の迷いにすぎない」と考えている

司会　では、お釈迦様は、今、あの世でどのようにされているのでしょうか。

伊藤真乗　それは、もう、真っ暗闇のなかで静かにしてるんじゃないか。

司会　(苦笑) 何もなされていない?

伊藤真乗　わしも、よく分からん。わしがお釈迦様かもしらんけど、わしじゃなかったとしたら、わしのそばを手探りで行けば、どっかに坐《すわ》って禅定《ぜんじょう》してるんじゃないかと思う。

司会　お釈迦様が「梵天勧請《ぼんてんかんじょう》」を受けたときの、その「梵天」とは何でしょうか。

伊藤真乗　ん?　何?　梵天勧請?

司会　はい。梵天は意識がありましたね。

伊藤真乗　『涅槃経《ねはんぎょう》』には、そんなのは書いてないわ。

司会　（苦笑）『涅槃経』だけではなくて、仏教にはお経がたくさんありますよ。

伊藤真乗　ああ、梵天？　そんなのは神話だろ？

司会　梵天は神話ですか。

伊藤真乗　違う？　だって、梵天っていうのは、君……。「ぼんくら」は知ってるけど、梵天はあんまり……。梵天だか、「天ぷら」だか、よく知らないんだけど、それは、昔のインドの説話じゃないか。

司会　では、「お釈迦様が悪魔《あくま》と戦った」ということも神話ですか。

伊藤真乗　そんなのは、当然……。

司会　嘘ですか。

伊藤真乗　ああ、伝説だろ？

司会　伝説ですか。

伊藤真乗　ああ。

B——　悪魔に対する認識はありますか。

伊藤真乗　ん？

B——　悪魔、悪霊《あくれい》に対する認識です。

伊藤真乗　悪魔って、いったい何なんだ？　あれは、たぶん、「心の迷い」のことを言っとるんだよ。仏教学者は、そう言ってるよ。「心の迷い」だよ。

司会　生前、悪霊や悪魔など、そういうものを感じたり、見たりしたことはなかったですか。

伊藤真乗　いやあ、わしらは「如来の集団」だったから、〝如来〟しか見たことはないなあ。

司会　〝如来〟は見たことがあるのですか。

伊藤真乗　〝如来〟はいつも来てたからな。

司会　どのようにですか。

伊藤真乗　いつも来て、われわれに、こういうふうに霊言をさせてたからね。

司会　どういう霊言ですか。

伊藤真乗　こういう霊言さあ。

（Bに）君、名前は何て言うんだ？　「鬼《おに》」っていうのが見える。

B——　〇〇です。

伊藤真乗　鬼かよ。君、鬼だな？

B——　鬼ではございません（苦笑）。

伊藤真乗　鬼だ。体のなかに鬼がいるんだ。その鬼を祓《はら》ってやらなきゃいけないなあ。

（お祓いのような身振《みぶ》りをして）ハアーッ！

ああっ、痛たた、（右の頭部を押さえて）頭が痛い……。ああ、何なんだ？　頭のここが痛い。

（司会に）お前か？　これは。

司会　（苦笑）

伊藤真乗　頭が痛い。いかん。

教団のあり方について〝如来《にょらい》〟の助言があった

司会　〝如来《にょらい》〟は、どのような助言をされていたのですか。

伊藤真乗　ここは頭の痛い所だなあ。

司会　生前、〝如来〟はどんな助言をされていたのですか。

伊藤真乗　え？　〝如来〟？　〝如来〟の助言？

司会　はい。

伊藤真乗　〝如来〟の助言は、人生が幸福になる道だよな。

司会　あなたの人生に対して、具体的に、どのような助言をされていましたか。

伊藤真乗　わしの人生？

司会　はい。

伊藤真乗　わしは悟ってる人間だから、わしに対する助言なんて、ほとんどない。まあ、教団の拡張のあり方等については、助言があった。

司会　どんな助言でしたか。

伊藤真乗　いやあ、それは、「こういうふうにやったほうがいい」っちゅうようなことだな。

司会　例えば？

伊藤真乗　なんで、そこまで、君に言わなきゃいけないんだよ。君は警察官かね。

司会　いやいや。「真如苑は、本当の如来の組織である」ということを実証していただきたいと思いまして。

伊藤真乗　そらあ、これだけ〝霊能者〟がいるんだから、そうだろうよ。それで、わしは釈迦と同じ悟りに到達したんだ。まあ、釈迦の悟りがはっきり分からないとしても、空海の悟りに到達したのは確実だ。わしは、「空海は、釈迦と同じぐらいの悟りを得た」と思っとるからな。

善悪の判断基準が明確でない伊藤真乗の霊《れい》

司会　では、今、その「悟り」を、みなさんにお伝えください。

伊藤真乗　だから、もう、ご披露《ひろう》してるじゃないですか。この私の偉大《いだい》な霊能力《れいのうりょく》が分からない？　先ほど、誰が、わしを呪《のろ》ったか、全部、分かった。これを「観自在《かんじざい》」って言うんだ。

Ｂ――　「呪い」とおっしゃいましたが、真如苑には、「呪詛《じゅそ》」という修法《しゅうほう》があるように伺《うかが》っています。

伊藤真乗　そりゃ、そうだよ。密教《みっきょう》は「呪い」でもってるようなもんだからな。

Ｂ――　それは他人を攻撃するものであり、慈悲《じひ》の心とは違うのではないでしょうか。

伊藤真乗　いや、それはねえ、悪を破壊《はかい》するためにあるものなんだ。（Ｂを指して）君には鬼がいる。これは、やっぱり、呪詛しないと粉砕《ふんさい》できない。

Ｂ――　そのような悪を認識できるということは、悪霊や悪魔についても認識しておられたのではないでしょうか。

伊藤真乗　まあ、そう言われてみたら、そうかもしれない。しかし、悪魔は外にはいるかもしれないが、なかにはいない。

Ｂ――　それでは、どういう念《おも》いを持つと、悪を引き寄せ、悪魔と同通すると思いますか。

伊藤真乗　いや、君の言ってることは、ちょっと分かんないわ。よく分かんない。

B――　仏教には、「心の状態によって、天上界《てんじょうかい》にも、地獄界にも通じる」という理論があるのですが。

伊藤真乗　それは違うような気がする。即身成仏したら、もう、「仏になった」ということで、そんなことは終わるんだよ。

B――　「一念三千論《いちねんさんぜんろん》」についてはご存じですか。

伊藤真乗　ああ、ちょっと聞いたことはある。でも、あれは仏の教えじゃないからな。

B――　しかし……。

伊藤真乗　あっ、また、頭が痛くなってきた。（会場を指して）そのへんから、もう一回、来た。誰だ、わしを呪っとるやつは。もう、やめてくれないか。今、わしをいじめたやつが、どっかそのへんにいる。反省しなさい！痛たたたたた……、二つ来た。

Ｂ──　善悪を判定しているのは……。

伊藤真乗　痛たたた……、もう一つ来た。何か、あのへんから来た。何？　善悪が何？

Ｂ──　善悪を何で判定されているのですか。

伊藤真乗　善悪？　だから、仏になったら、そらあ、もう、瞬間的《しゅんかんてき》に分かることじゃないか。

Ｂ──　自分を攻撃するものが「悪」であり、自分を護《まも》ってくれるものが「善」ということですか。

伊藤真乗　そんなの当たり前じゃないか。君、何を言ってるんだ。痛たたた……。

Ｂ──　要するに、自団体主義ということになりませんか。

伊藤真乗　えっ？　なんだか、もう、いろんな所から攻《せ》めてくるな。君ら、ほんとは悪霊の集団と違うか。これは、ひどい。人に対して、こんな攻撃的な念をいっぱい発信する団体っていうのは、間違いなく、悪魔の宗教だよ。

B――　いえ、違います。

伊藤真乗　なんで、「違う」って言えるんだよ。

B――　いやいや、違います。逆ではないかと思われます。

伊藤真乗　鬼がいて、なんで「違う」って言えるんだよ（会場笑）。名前を変えろよ。

B――　いや（苦笑）。それはまた、別な問題です。

伊藤真乗　名前を変えて、「○天《てん》」に変えろ。「○天使」とか、何かにしろ。「○菩薩《ぼさつ》」でもいいよ。

B――　ま、それは置いておきまして……。

伊藤真乗　鬼の分際で、ほんと、偉そうに。あー、痛い痛い痛い痛い……。おお、うう……。で、何だった？

B── はい。ですから、「善悪を十分に認識されているのか」というところをお訊《き》きしたいのです。

伊藤真乗　君ねえ、宗教っていうのは、善悪を超越《ちょうえつ》するのが仕事なんだよ。分からないかなあ。

俗世《ぞくせ》の執着《しゅうちゃく》から逃《のが》れて、涅槃の境地に一気に入る。即身成仏して入ってしまう。そうしたら、もはや一切《いっさい》の悩《なや》みから解放されてるわけだから、善悪なんていうのは、もう、遙《はる》か雲の下の問題になるんだよ。

だから、君のところみたいに、「本が何冊売れるか」などと悩んでるのは、これは、まだ悪の世界のなかにどっぷり入ってる証拠《しょうこ》だよ。分かるか？

生前、覚鑁《かくばん》を「先生」と呼んでいた

B――　生前、覚鑁《かくばん》という方をご存じでしたか。

伊藤真乗　ん？　覚鑁？　うーん、なんだか、懐《なつ》かしい名前だなあ。

B――　指導を受けた記憶はありませんか。

伊藤真乗　うーん、覚鑁先生……。「先生」と呼んでたような気がするなあ。

B――　もしかしたら、過去世《かこぜ》において縁《えん》があったのではないですか。

伊藤真乗　うーん。「空海よりも偉《えら》い人だった」という説もあったなあ。

B――　真言宗の一派を立てた人ではありますが。

伊藤真乗　そうだね。新義真言宗《しんぎしんごんしゅう》の宗祖だよなあ。空海さんは偉かったと、わしは思う。しかし、十大弟子《でし》がいたけども、誰も空海を抜《ぬ》くことができず、そのあと、その法脈《ほうみゃく》は廃《すた》れていったと思うんだよなあ。法力《ほうりき》が足りないから、廃れていったと思うね。やっぱり、覚鑁出《いで》て、再興したんじゃないかなあ。うん。うん。

B——「覚鑁を尊敬されていた」と考えてよろしいですか。

伊藤真乗　うーん。そらあ、宗祖は空海であるからして、空海は偉い。まあ、君らは、「魂《たましい》の兄弟」とか言うとるんだろ？　だったら、お釈迦様とか、空海とか、覚鑁とかは、みな、魂の兄弟なんじゃないかなあ。それと、伊藤真乗。ま、このへんが、みな、魂の兄弟なんじゃないかな？

わしは、仏の一部なんだよ。まあ、同体なんだよな。仏の手が何本もあるようなものなんだよ。

B——それで、「霊能力を開発すると、仏になる。即身成仏する」ということですか。

伊藤真乗　うん。覚鑁も即身成仏。空海も即身成仏。仏陀も即身成仏。伊藤真乗も即身成仏じゃ。

創価学会のスパイがいるため、セキュリティを強化している

B――　そのときの心はどのようなものでしたか。

伊藤真乗　え？　何？

B――　拡張欲などはありましたか。

伊藤真乗　ないよ。拡張欲がないから、会員さんにカードを与《あた》えて、めったに入れんようにしてるんじゃないか。われわれには拡張欲なんかないよ。真理を求める心のみじゃ。

司会　先ほど、カードはセキュリティのためで、宝物《ほうもつ》を盗《と》られないようにしているとおっしゃっていましたが。

伊藤真乗　ああ、セキュリティね。宝物がある所と、ない所があるけど、とにかく、今、創価学会とか、怪《あや》しいのがいっぱい入ってくるんでね。だから、気をつけないといけ

ないわけよ。「信者になりたい」というふりをして、スパイがいっぱい入ってくるんでね。それで、ちょっとセキュリティを強化している。

司会　何か、見られてまずいものがあるのですか。

伊藤真乗　いや、見られてまずいものはない。しかし、君みたいに、そうやって、情報を取りに来るやつがマスコミにもいるし、まあ、いろんな悪いやつが、世の中には、いっぱいいいるんでね。

司会　ですが、情報……。

伊藤真乗　君、目つきが、すごく悪いよ（会場笑）。

司会　（苦笑）

伊藤真乗　前に鏡を置いたほうがいいよ。鏡を見ながらしゃべったらいい。

司会　はい。

伊藤真乗　今、険悪な、悪魔みたいな、すごい顔をしてる。
司会　（苦笑）
伊藤真乗　〝鬼〟と〝悪魔〟に、今、わしは見られてる（会場笑）。
司会　話をそらさないでいただきたいのですが。
伊藤真乗　ああ？
司会　質問を忘れてしまいました。

真如苑《しんにょえん》には、「人を呪《のろ》う」という教義がある

B――　そうしますと、あなたには、「人々を救おうとする気持ちはあった」ということですね。
伊藤真乗　うん、あった。
今度は、なんだか、頭がクラゲみたいに……、いや、クラゲじゃない。何これ？

頭にお椀《わん》を被《かぶ》った何とかというのが、日本の昔話にあったけど、あっ、鉢何《はち》とか姫？鉢を被った何とか姫ってなかったっけ？　あんな感じで、頭にお椀を被ってるようだ。うーん、何か、来るんだよなあ。わしは河童《かっぱ》になったのか。何かが頭を締《し》め付けてくるんだ。これは、そうとうの集合念が来てるんじゃないかなあ。

司会　ですが、あなたに神通力《じんつうりき》があるのであれば、跳《は》ね返せるのではないですか。

伊藤真乗　そう、わしの神通力は強いから、みなで攻めてきてるんだ。おまえら二人じゃ敵《かな》わねえから、大勢で加勢してるんだ。

司会　しかし、そのご様子ですと、最近、出てこられた霊人《れいじん》のなかでは、かなり弱いほうですよ。

伊藤真乗　うちの〝霊能者〟を百人ぐらい呼んでこないと、いや、千人ぐらい呼んでこないと、これはいかんなあ。

司会　〝お釈迦様の魂の兄弟〟であれば、それくらい一人で跳ね返せるのではないでしょうか。

伊藤真乗　うーん。ま、釈迦も苦労したことはあるからなあ。

B――　ほかの霊人は、普通にお話をされて帰っておられるのですが、なぜ、そんなに、「頭が痛い」とおっしゃるのでしょうか。

伊藤真乗　んー、誰も、この悪魔の本質を見抜けないからだろうなあ。わしは、「君らが悪魔だ」っていうことを見抜いてしまったために、こうやって攻撃を受けてるんだ。他の者は、分からないままに帰ってるんだ。

B――　そんなことはないと思います。あなた自身が「悪」について本当に分かっておられたら、おそらく、今のような状態にはなっていないのではないでしょうか。

伊藤真乗　君、何？　「わしが間違ってる」って言ってるわけ？

B――　「何か足りないものがあった」とは、お考えになりませんか。

伊藤真乗　真如苑《しんにょえん》は、こんなに評判がいい大教団になったんだよ。その指導者が悪人だったら、君、それはもう、歴史上の偉人は、一人もいなくなってしまうよ。

B――　ご自身の教団のあり方について、「すべてが正しい」と思っておられますか。

伊藤真乗　なんだか知らんけど、ここは気分が悪いねえ。何か、思考力を奪《うば》っていく所だね。なんで、こんなに思考力を奪うんだろう？　これはあれだな。君らは、変な秘密組織というか、変な呪術《じゅじゅつ》集団で、人を呪《のろ》うのを職業にしている人たちだろ？

B――　いえ、そんなことはしておりません。人を呪うような教義は、幸福の科学にはありません。真如苑にはあると思いますが。

伊藤真乗　うん、あるよ。

B――　あるのですね。

伊藤真乗　うん、密教にはちゃんとあるよ。そらあ、当然ある。

B――　でも、幸福の科学には、「人を呪う」という教義はありません。ですから、「呪いを発している」ということはありません。

伊藤真乗　だけど、今、わしは呪われてるじゃない？　これ、どうしてくれるの？　事実じゃない？

B――　いや、おそらく、あなたを救おうと思っている念波《ねんぱ》ではないでしょうか。

伊藤真乗　救おうと思うと、こんな差し込みが来るのかい？　何か刺《さ》されてるみたいだ。これが救いか。

B――　あなたは、逆のことのように感じておられるのではないですか。

伊藤真乗　魚を銛《もり》で突《つ》くみたいな感じの痛さなんだが、これが君らにとっての救いか。

B――　いいえ。そうではありません。

伊藤真乗　ええ？　人を刺すのが、君らの救いなのか。

B――　そうではなくて、「善悪を見極《みきわ》める力」が必要だと思います。

伊藤真乗　うーん。〝鬼さん〟に説教されるとは、わしも落ちぶれたもんだなあ。悟りを開いたわしに、〝鬼〟が説教するとは、もうお笑いだよ。これを漫画《まんが》にして売ったら、君、売れるぞ。ハッハ。

B—— 曼荼羅《まんだら》をたくさん売っておられたのですか。

伊藤真乗　変なことを言うなあ。急に話を変えるなよ。君、精神分裂《ぶんれつ》じゃないか。

B—— いいえ。今、そうおっしゃったからです。

伊藤真乗　ええ？　君、本を売ってるんだろう？　わしは、そのぐらい分かるよ。

B—— 本は売っておりますけれども、本には文字が書いてあります。「曼荼羅には、真言が書かれている」ということですか。

伊藤真乗　ん？　何か、変なことを言うなあ、君。

今、わしは、鬼が出てきて、悟った人をいじめる物語を構想してたのよ。「そういう漫画をつくって売ったら、売れるかなあ」と、考えてたんだ。君の商売に協力しようと、考えてたところだったのに、君、何か誤解したらしいなあ。

Ｂ――　おっしゃることがよく分からないのですが……。

「代受苦《だいじゅく》」という教えは正しいのか

Ｂ――　今のあなたのように、痛み、苦しまれる方が悟りを開いた方であるとしたら、信者のみなさんはどう思うでしょうか。

伊藤真乗　いや、やっぱり、「聖者」っていうのは苦しみを通り抜けていくものなんだよ。一生、苦しみなんだよ。生涯《しょうがい》、苦しみだ。

まあ、これは「代受苦《だいじゅく》」と言ってね、ほかの人の苦しみを受けるんだよ。これは聖者の特徴《とくちょう》なんだな。悟りたる者は、ほかの人の苦しみ、みんなの苦しみ、世界の苦しみを受けて苦しむんだよ。これは「代受苦」と言って、大事な教義だから、覚えておきなさい。

Ｂ――　それでは、あなたの生前は、「苦しみの人生であった」ということですか。

伊藤真乗　ああ、苦しい、苦しい。もう、人の病念《びょうねん》などをいっぱい受けるので苦しい。

苦しんで、苦しんで、苦しんでたよ。まあ、そりゃそうだ。

B―― つまり、「苦しんで、お亡くなりになられた」ということですね。

伊藤真乗　霊能者は感じやすいからね。人の病気も引き受けてしまうからね。その人を救おうと思ったら、その人の病念を受けちゃうな。

B―― その人は本当に救われたのですか。

伊藤真乗　それは、釈迦の心そのものじゃないか。慈悲の心っちゅうのは、そういうものなんだよ。「抜苦与楽《ばっくよらく》」っちゅうのは、そういう人の苦しみを引き受けることなんだよ。

B―― 苦しみを抜いて、楽を与えておられましたか。

伊藤真乗　相手は楽になるけど、わしは苦しむ。それが、やっぱり、仏の心だな。

B―― ということは、ずっと苦しみが続いていると。

伊藤真乗　ああ、苦しい、苦しい。

B――　みなさんに、「そういう人になれ」と言っていたのですか。

伊藤真乗　悟って苦しいから、聖者になるんだ。

B――　それは、涅槃寂静の「寂静」とは違うのではないでしょうか。

伊藤真乗　いや、だから、それをなくそうとして、今、真っ暗闇のなかで、静かに過ごすように努力してるわけだ。

B――　暗闇のなかで？　それで苦しみがなくなると。

伊藤真乗　お釈迦様と同じようにね。

B――　お釈迦様は、私どもの指導をしていただいております。

空海《くうかい》は、今も高野山の奥《おく》の院《いん》で禅定《ぜんじょう》しているのか

伊藤真乗　空海《くうかい》さんも、高野山の別院（奥《おく》の院《いん》）に生きたまま入場されて、毎日、ご

飯を運ばれてるらしいじゃないか。薄暗闇のなかに坐《すわ》ってるんだ。かわいそうになあ。

B―― あなたには、そのように見えているようですが、空海様からも、私どもは指導を受けております。

伊藤真乗　おお、それは騙《かた》りだな。空海さんは、そんなことはしていない。禅定《ぜんじょう》しているはずだから、そんなはずはない。

B―― きちんとした教えをいただいております。

伊藤真乗　んー、それは、おかしいなあ。まだ高野山で坐っとるはずだが。

B―― その認識自体に問題があるのではないでしょうか。

伊藤真乗　いや、だからねえ。涅槃に入《い》ったら、君、もう、そのままなんだよ。涅槃に入ったら、薄暗い所で禅定したままの姿で静かにしている。何千万年、何億年と、そのまま瞑想《めいそう》を続ける。これが涅槃寂静なんだよ。これが最高の悟りの境地なんだよ。
君らみたいに、この世のことで煩《わずら》っているようでは駄目だな。昼ご飯で悩んだり、晩ご飯で悩んだりするようでは、悟ってないんだよ。

B――　生きているうちは、誰もがそうではないでしょうか。伊藤真乗さんも、そうだったのではないですか。

伊藤真乗　君ね、驚《おどろ》くだろうけど、今、わしはご飯を食べずとも生きていられるんだよ。すごい超能力《ちょうのうりょく》だろうが。

B――　亡くなった方は、みな、そうです。

伊藤真乗　あ、そうなのか（会場笑）。

B――　それは超能力ではありません。

伊藤真乗　超能力じゃないって？　わしは、ついに断食しても死なない人間になったと思ったが、そうじゃないのか。うーん。

「資格を得ればオールマイティになれる」と考えている

B――　あなたは、「幸福の科学については、あまりご存じなかった」ということですね。

伊藤真乗　今、君らの意識から、ちょっとずつ読んでるところではあるんだけどね。なんか、人相の悪い人が多いな。

B――　そういうことではなくて、幸福の科学の教え自体についてはどうですか。

伊藤真乗　知ってるわけないだろう。

B――　知らないんですね。

結局、あなた自身、「霊能力を得る」ということを中心にされてきたし、それを他の人にも指導してきたわけですね。「もしかしたら、この霊能力は、悪い世界の霊たちから得ているのではないか」と考えたことはないですか。

伊藤真乗　いやあ、わしは「大阿闍梨《だいあじゃり》」という資格を持っておったからね。君、それはねえ、大阿闍梨という権威《けんい》に対して、失礼に当たると思うんだよな。

真言密教のなかで大阿闍梨っていうのは、どうだろ？　まあ、言ってみれば、東京大学の教授みたいなものなんだよ。教授に対して、「勉強が足りない」って言うのは失礼に当たるということが、分かんないかなあ。

B――そうではなくて、修行《しゅぎょう》というものは、ずっと続けていかなければいけないものだと思いますが。

伊藤真乗　まあ、いいけど、〝鬼〟がそんな説教をするのはやめようよ。

B――「一定の資格を得れば、もうそれで大丈夫だ」というお考えですね。

伊藤真乗　そう、そう。だから、成仏したら、それはもう、オールマイティだ。うん。

B――そうすると、教団のなかでも、一定の資格を持った者は、みな、オールマイティだということですか。

伊藤真乗　もはや迷うこともない。まあ、人の苦しみを受けることはあっても、自分が苦しむことはない。

6　密教僧《みっきょうそう》・覚鑁《かくばん》との関係

覚鑁《かくばん》を尊敬している伊藤真乗の霊

司会　（会場のCに）○○さん、密教的《みっきょうてき》な面から何か質問がありますか。

伊藤真乗　あの悪人か。あの、悪人の代表？

（Cが質問者席に移動する）

伊藤真乗　おまえ、敵だろうが。

C――　いえ、そんなことはありません。

伊藤真乗　なんか、嫌《いや》な感じがする。すっごい嫌な感じがする。

C――　ここまでのお話で出てきたことに関して、幾《いく》つか、お訊《き》きいたします。

伊藤真乗　優《やさ》しい顔をしてるけど、おまえも心は鬼《おに》だ（会場笑）。な？

C――（笑）先ほど、覚鑁《かくばん》について、「懐《なつ》かしい」とおっしゃいました。これは、どういうことなのでしょうか。覚鑁とは、どういう関係なのですか。

伊藤真乗　君、ものすごく悪い人間と違《ちが》うか。わしを陥《おとしい》れようと思ってるのか。

C――いえ、別に。真実を知りたいだけです。

伊藤真乗　そうか？

C――はい。

伊藤真乗　いや、そんなことはないような気がするなあ。

C――違います。

伊藤真乗　君、なんか一言、しゃべらそうとしてるんじゃないのか。

C――　いやいや、本当に、実際のところ……。

伊藤真乗　君、本当はマスコミの人間か。

司会　マスコミではありません（笑）。

伊藤真乗　ん？

司会　マスコミではないのです。

伊藤真乗　マスコミじゃない？

司会　はい。違います。

伊藤真乗　宗教ジャーナルみたいな、なんか、そんな感じの……（会場笑）。

司会　本当の宗教家でございます。

伊藤真乗　あ？

司会　ここにはマスコミはおりません。はい。

伊藤真乗　あ、そうなの？

司会　はい。宗教的な施設《しせつ》です。

伊藤真乗　で、覚鑁？　覚鑁は、それは偉《えら》い人だよ。うん。偉い人だよ。尊敬してるよ。

伊藤真乗と覚鑁《かくばん》とは〝二人三脚《ににんさんきゃく》〟

C――　どのようなご関係だったのでしょうか。

伊藤真乗　関係？

C――　はい。

伊藤真乗　関係と言ったって、まあ、わしには、なんとなく、お釈迦《しゃか》様と空海《くうかい》と覚鑁《かくばん》とわしは、みんな、君らの言う「魂《たましい》の兄弟」のような気がする。

C――　「魂の兄弟」のような気がする？

伊藤真乗　うーん。だから、わし自身かもしらん。そんな感じがする。

C──　ご自身かもしれない？　ああ。

伊藤真乗　うーん。そんな感じがするなあ。なんか、すごく頭もよくて、行動力もあって、勇気もあって、智慧《ちえ》もあって、悟《さと》りも高くて、もう、言うことなしだね。うん。空海以降では最高だね。

C──　いろいろとインスピレーションを受けておられたのですか。

伊藤真乗　ええ？　インスピレーションって、どういうことだ？

C──　霊《れい》指導です。

伊藤真乗　いや、霊指導って、君、どこか遠い所から降りてくるような言い方をしてるじゃないか。

C──　ええ、そうですね。

伊藤真乗　そんなんじゃないよ。

C――　そんなんじゃない？

伊藤真乗　うん。二人三脚《ににんさんきゃく》でやってるから。

C――　二人三脚？　あ、一心同体なわけですか。

伊藤真乗　そうです。

C――　ああ、なるほど。

伊藤真乗　うん。ムカデみたいに、こうなってるよ、足が（手の指でムカデの足をまねる）（会場笑）。

C――　ムカデですか（笑）。

伊藤真乗　うん。覚鑁さんも、空海さんも、お釈迦様も、みんな、足を縛《しば》って、運動会みたいに、こう、一緒になって走ってる状態だな。それが密教の真髄《しんずい》だ。

C――　ああ、そういうことなんですね。

伊藤真乗　うーん。

C――　分かりました。あの……。

伊藤真乗　君、おとなしそうなのに、なんで、そんな怖《こわ》い念波《ねんぱ》を……。

C――　いえいえ、別に、怖いことは何も言っておりません。はい。

伊藤真乗　あーん。

7　密教《みっきょう》を、どう理解しているか

涅槃寂静《ねはんじゃくじょう》とは、宇宙の闇《やみ》と一体の境地？

C――　もう一つ、お訊《き》きしたいことがあります。先ほど、涅槃寂静《ねはんじゃくじょう》を暗い世界とおっしゃいましたが、天上界《てんじょうかい》は、そういう暗い世界ではないと思うのですが。

伊藤真乗　君の言ってる、「天上界」っていうものの意味が、よく分からないんだけどなあ。

C――　ああ。天使とか菩薩《ぼさつ》とか、そういう存在は、そこにはいないのですか。

伊藤真乗　そんなのはねえ、君、迷いなんだよ。

C―― ああ、迷いなんですか。なるほど。

伊藤真乗　天使や菩薩を言ってるうちは、まだ迷ってる証拠《しょうこ》で、涅槃寂静まで行ってないんだよ。天使や菩薩っていうのは、まだ方便の世界のものなんだよ。天使や菩薩という、神様に似せた人間的なものが存在する世界っていうのは、まだ方便の世界なので、これを通り抜《ぬ》けなきゃ、涅槃寂静には入れないんだよ。

C―― うーん。

伊藤真乗　だから、そういう所は駄目《だめ》なんだ。本当の涅槃寂静には、そういうものは、もうないんだ。

C―― そういう涅槃寂静に入られたあなたが、まだ存在するというのは、どういうことなのですか。

伊藤真乗　ん？　涅槃寂静に入った私が存在するとは、どういうことかって？

世界はだなあ、まあ、宇宙を見たら分かる。宇宙は偉大《いだい》な暗闇《くらやみ》であり、そのなかに地球はポッンと浮《う》かんでるんだよ。だから、「宇宙になった」ということなんだよ。〝宇宙即我《うちゅうそくわれ》〟だな。うん。大宇宙と一体になったのが涅槃寂静だ。
そのなかに、地球みたいな、ツブツブみたいな、ちっちゃいのが、ちょこちょこっとあって、そのなかで、ゴミみたいな人間がいっぱい生活して、悩《なや》んどるわけだ。な?
こういう偉大な境地を持つことが涅槃寂静で、大宇宙を即自分と考える。宇宙の闇だ。これが涅槃寂静なんだよ。お釈迦《しゃか》様も、ここまで到達《とうたつ》したんだよ、わしと同じ境地まで。

C――　宇宙の闇なんですね。

伊藤真乗　うーん。

C――　ああ、そうですか。なるほど。

真如苑《しんにょえん》では法敵を倒《たお》すために「呪《のろ》い」を行う

C――　もう一つ、お訊きします。先ほど、「呪《のろ》い」という話がありました。真如苑《しんにょえん》では、これをたくさんやっておられるわけですか。

伊藤真乗　やってるねえ。もともとは、呪いの藁《わら》人形や、あれだ、あっちから来てるんだ。まあ、陰陽道《おんみょうどう》と真言密教《しんごんみっきょう》とは競争しておったんでなあ。どっちが効くか、ずっとやっとったので、だから、呪詛《じゅそ》合戦はしておったな。

C――　やっているわけですね。それと、先ほど「接心《せっしん》」と言われた悩み相談との関係は、どのようになるのですか。

伊藤真乗　いや、それはだな、君。うーん、まあ、いろんな面があるじゃないか、活動にはね。仲間を増やす活動が接心だな。仲間を呪ったら、いかんだろ？　仲間を増やす活動が接心で、呪詛のほうは、法敵を倒《たお》す活動だな。

C――　そうですか。

伊藤真乗　君も、なんだか、知ってるんじゃない？　なんか、知ってそうな感じがするけど。

C――いや、全然、知りません。

伊藤真乗　そう？

C――ええ。

伊藤真乗　君も、よくやってたんじゃないの？

C――いやいや、全然、まったく……。

伊藤真乗　まあ、藁人形に五寸釘《くぎ》とか……。丑三《うしみ》つ時《どき》に、こう（頭に手を当てる）、ロウソクを三本ぐらい立てて、やってたんと違《ちが》うか。え？

C――（笑）とんでもない。

密教《みっきょう》は〝一瞬《しゅん》にして悟《さと》りの世界に行くための技〟なのか

C――その悩み相談において、霊能力《れいのうりょく》は、どのように使われるのですか。

伊藤真乗　だから、相手の考えていることや悩《なや》みの答えを、ピタリと当ててやるみたいなことだな。それが、やっぱり、信頼《しんらい》されるもとだな。

C―― それで解決していくのですか。

伊藤真乗　うーん。解決するんだ。それで解決しない場合には、先ほど「代受苦《だいじゅく》」と言ったけど、代わりに引き受けてやることが大事だね。

C―― 代わりに引き受ける？

伊藤真乗　「相手の悩みや苦しみ、病気、そういうものを引き受けてやる」ということが大事だ。だから、強力な霊能者になると、ほんとに七転八倒《しちてんばっとう》することがあるよ。相手の悩みとか病気とかを受けてしまい、畳《たたみ》の上を転げ回るようなことだってあるなあ。

C―― 「カルマ」や「自己責任の原則」というものは、ご存じないのですか。

伊藤真乗　まあ、知らないわけではないけれども、でも、密教《みっきょう》というのは、もっと強いものだからね。一代にして、一瞬《しゅん》にして悩みを断ち切り、悟《さと》りの世界に行くのが密教だからな。そのための技だからね。

C――「一気に悟れる」ということですか。

伊藤真乗　なんだか、ここは調子の悪くなる所だなあ。なんか、重くて重くて、しょうがないいな。君ら、ほんとに、悩みが多い、迷える衆生《しゅじょう》らしいけど、君らの悩みを引き受けると、ほんとに体が重いよ。うう。

君、何、理事長だって？　さぞ悩んでることだろう。君の悩みを引き受けたわしは、体が重くて重くて、しょうがないわ。ああ。

C――引き受けてもらうつもりはありません。大丈夫《だいじょうぶ》です。

伊藤真乗　教団の運営は重いだろう？　早くあの世へ還《かえ》りなさい、本当に（会場笑）。

C――いえいえ（笑）。

伊藤真乗　この世は、つらい所なんだよ。うーん。

「これから真如苑《しんにょえん》への指導を開始する」

C―― あなたは今でも真如苑《しんにょえん》を指導されているのですか。

伊藤真乗　だから、「死んでるのが分からなかった」って言っただろうが。

C―― ああ。

伊藤真乗　これから、頑張《がんば》って、指導を開始する。

C―― これから？　ああ、そうですか。それは困りましたね。

伊藤真乗　君らが〝使命〟に目覚めさせてくれたので、これからは指導する！

司会　ただ、そうしますと、涅槃寂静の世界から指導なさるのでしょうか。

伊藤真乗　あっ、そうだなあ。それは、いけない（会場笑）。

C―― （笑）

伊藤真乗　やっぱり、涅槃寂静は静かでないといけないから、そういう……。

司会　真っ暗な世界で……。

伊藤真乗　そうだね。やっぱり……。

C――　先ほどの世界が「悟りの世界」ですよね。

伊藤真乗　うーん。そうだね。その「悟りの世界」から出たらいけないね、やっぱり。うんうん。悟りの世界で、しばらく、まあ、一億年ぐらい瞑想《めいそう》してようか。うん。

8 伊藤真乗は本当に悟っているのか

〝観自在《かんじざい》〟で質問者の正体を見破った？

司会　あなたがこの場に出てきたときの状態は、今まで霊言《れいげん》をしに出てきた人たちのなかで、地獄《じごく》で迷っている人と、ほとんど同じだったのですが、それは、どうしてですか。

伊藤真乗　君、なんか、目つきがすっごく悪いね（会場笑）。ほんとに。

司会　私の目つきは別として、迷っている人と、あなたの心境は……。

伊藤真乗　神戸のヤクザだろう、本当は（会場笑）。ハッハッ。兵庫県警に、だいぶ追いかけ回されただろ？

司会　（笑）そんなことはありません。

伊藤真乗　韓国系《かんこくけい》のマフィアじゃないか？（会場笑）

司会　まあ、じゃあ、そういうことにしておいて、あなたと、地獄で迷っている人たちとでは、この場に出てきたときの状態が同じだったのです。

伊藤真乗　わしは〝観自在《かんじざい》〟であって、もう、全部お見通しなんだよ。君が韓国系のマフィアであることなど、一発で分かっちゃうんだ。これ、霊能力なんだよ。帰依《きえ》しなさい。

司会　私は韓国人ではないので……。

伊藤真乗　あ？　違《ちが》うのか。ああ。

司会　ええ。マフィアでもありません。

伊藤真乗　そうだと思ったんだがなあ。ああ、そうか。

司会　間違えましたね。

伊藤真乗　いやいや（会場笑）。まあ……。

司会　観自在ではないですね。

伊藤真乗　いや、違う。君が嘘《うそ》を言ってることを知りながら、私は騙《だま》されているふりを……。

司会　いや、嘘ではないんですよ。ここに証人がいます。私が、韓国人でもなければ、マフィアでもないことは、ここにいる人たちが、みな、知っています。

伊藤真乗　いや、そんなことはないよ。

司会　まあ、分かりました。あなたの〝観自在力〟では、そうなったということですね。

伊藤真乗　君は悪い心を持っている。うん。

司会　あなたは、話をそらすのがうまいですね。

伊藤真乗　君は反省をしなきゃいけない。君は、反省が必要だから、霊能修行《しゅぎょう》をしなさい。

司会　悟《さと》っているのであれば、まず、人の言葉に対して、ストレートに答えていただきたいと思います。

伊藤真乗　だから……。

司会　それが、あなたの人生修行のやり方ですか。

伊藤真乗　いやいや、君の悩みを解くためには、そのヤクザ的な生き方をやめさせなきゃいけないから……。

司会　いやいやいや、ちょっと待ってください。

伊藤真乗　うん。

〝悟《さと》りの世界〟から〝衆生救済《しゅじょうきゅうさい》〟のために降りてきたのか

司会　なぜ、あなたは、地獄で迷っている人間や、自分が死んだことを知らない人間と同じような状態で出てきたのですか。

伊藤真乗　いや、違う。彼らは涅槃寂静《ねはんじゃくじょう》の境地を知らないいんじゃないか。私は知っていて……。

司会　しかし、出てきたときの状態は同じではないですか。

伊藤真乗　私は、「大宇宙の漆黒《しっこく》の闇《やみ》のなかに生きている」と言ってるだけだから。

司会　彼らも、「自分が死んでいるのを知らなかった」と言いましたし、「初めて人と話した」と言った人もいました。

伊藤真乗　それは、それは、それは……。そういう迷っとる人もいるよ。私は悟《さと》ってるんだよ。その両極端《りょうきょくたん》っていうのは、意外に、遠いようであって近いんだよ。

司会　近いんですか。

伊藤真乗　うーん。

司会　ただ、あなたは、自分が死んでいることも知らなかったですよね。

伊藤真乗　ん？　いや、それは涅槃寂静に入ってたからね。うん。

司会　いや、すべてを知り尽《つ》くした上で、そうだったのであれば分かりますが。

伊藤真乗　本来、こういう下界《げかい》に降りてきてはいけないんだよ。涅槃寂静に入った者は二度と帰ってきてはいけないんだ。

司会　ただ、あなたは、人と話ができて、何か、うれしそうでしたよね（会場笑）。

伊藤真乗　悟りの世界から君らに引きずり出されたんだよ。まあ、しかたがないから、衆生救済《しゅじょうきゅうさい》のために、今、降りてきたのに、失礼なことばっかり言うやつが、いっぱいいてさ。

司会　いえいえ、いえいえ、あなたは、出てきたばかりのときに、「初めて話をしたよ」と言って、うれしそうにしていたではないですか（会場笑）。

伊藤真乗　うっ、それは君の主観だよ。

司会　いや、主観ではなく、あなたは笑顔になっていましたね。

伊藤真乗　ああ、最初は、あれ（Ｂのこと）が鬼《おに》だとは知らなかったからさあ（会場笑）。鬼だと見抜《みぬ》くまで、ちょっと時間がかかってしまった。

司会　なぜ、二十年間、ボーッとしていたのですか。

伊藤真乗　二十年ってのは君らの言い方であって、わしのほうは知らんもの。

司会　正確に言うと、二十一年ですね。

伊藤真乗　二十一年かどうか、わしは知らんもの。それは君らが言ってることだ。

司会　では、涅槃寂静《ねはんじゃくじょう》というのは〝ぼけ老人〟の世界ですか（会場笑）。

伊藤真乗　うーん。き、君ねえ、悟《さと》りの世界に入《い》る前に、一回、小笠原《おがさわら》流に行って、ちょっと、茶道《さどう》かなんか、やってきなさい。それから、宗教をやるといいよ。

司会　あなたも、もうちょっと修行《しゅぎょう》をされたほうがいいのではないですか。

伊藤真乗　いや、君に言われるのは不本意だね。

司会　そうですか。

伊藤真乗　私には極道《ごくどう》に説教される謂《い》われはないんですよ（会場笑）。

司会　観自在《かんじざい》であれば、私が極道かどうか、しっかりと調べてください。

伊藤真乗　顔を見たら、極道だとすぐ分かるよ（会場笑）。

司会　顔ですか（苦笑）。あなた、外見で人を判断してはいけませんね。

伊藤真乗　君、三白眼《さんぱくがん》で、人を呪《のろ》い殺すような顔をしてるよ。よくない。

司会　（苦笑）あなたは、人相占《うらな》いが得意なのですか。

伊藤真乗　そうなんだよ。見たら、すぐ分かる。うん。

司会　仏教は占いを否定しましたが。

伊藤真乗　（二秒間の沈黙《ちんもく》）うーん。よう知らんな。

司会　なぜ知らないのですか。

伊藤真乗　うーん。いや……。

9　空海《くうかい》と覚鑁《かくばん》を、どう見ているか

「真言宗《しんごんしゅう》と念仏宗《ねんぶつしゅう》を融合《ゆうごう》した覚鑁《かくばん》は伝道の天才」と考えている

司会　あなたは、お釈迦《しゃか》様と一体なのではないのですか。

伊藤真乗　いやあ、まあ、お釈迦様は古い人だからね。だから、最近のお師匠さんは、やっぱり、空海《くうかい》とか、まあ、覚鑁《かくばん》先生だからね。うん、うん。

司会　なぜ、覚鑁にだけ「先生」がつくのですか。

伊藤真乗　偉《えら》いからさあ、やっぱり、それは。

司会　なぜ、空海には「先生」がつかないんですか。

伊藤真乗　いやあ、古いからさあ（会場笑）。

司会　覚鑁と大きく違《ちが》わないのではないですか。

伊藤真乗　いや、新しいほど偉いんだよ。

司会　少し新しいだけではないですか。

伊藤真乗　いや、知識が、やっぱり新しいわな。うん。

司会　空海と覚鑁では、言っていることが少し違うのではないですか。

伊藤真乗　ん？　空海と覚鑁がどう違うかって？

司会　ええ。

伊藤真乗　だって、覚鑁は天才だからさあ。

司会　空海は天才ではない？

伊藤真乗　いや、天才だけど、古い天才なんだよ。

司会　どちらが上なのですか。

伊藤真乗　だから、覚鑁のほうが……。覚鑁は、真言密教《しんごんみっきょう》をも、ある意味では超《こ》えたんだよ。

司会　超えた？

伊藤真乗　うん。なんて言うか、念仏宗《ねんぶつしゅう》まで取り込もうとしたからね。

司会　はあ。

伊藤真乗　すごい発明家だね。当時、いち早く、念仏宗が流行《はや》ることを見抜《みぬ》いてだね、これを真言宗のなかに取り込んでしまい、融合《ゆうごう》してしまった。これだったら、もう、密教だろうが、念仏宗だろうが同じだから、向こうの信者も、こっちに入ってくるじゃないか。これほどの伝道の天才はいないわな。うーん。

司会　それでは、宗教の本質を外れて、単なる宣伝ではありませんか。

伊藤真乗　ん？　まあ、宗教っていうのは、君、宣伝なんだよ。何を言ってるんだ。

空海《くうかい》はインスタントに悟《さと》った？

司会　まあ、そういう面もあるかもしれませんけれども、それで悟《さと》れるのですか。

伊藤真乗　いや、それが悟れるんだよ。

司会　それは、「易行道《いぎょうどう》」に持っていっただけではないですか。

伊藤真乗　いや、即身成仏《そくしんじょうぶつ》の……。

司会　誰でも即身成仏ができる？

伊藤真乗　即身成仏のための修行っていうのが、あまりにも厳しい山岳《さんがく》修行なんかだと、ちょっと一般《いっぱん》の人が逃《に》げるじゃないか。一般の人にも、やっぱり、導きの手が要《い》るじゃないか。

司会　ええ。

伊藤真乗　だから、そこに、「南無阿弥陀仏《なむあみだぶつ》」という方法が一つあるじゃないか。「一般の人も『南無阿弥陀仏』で悟れる」って、うまいこと教えとるインチキ宗教があったんで、それと合体させたら、まあ、うまいこと……。

司会　「インチキ宗教が入った」ということですね。

伊藤真乗　まあ、いや……。

司会　では、真如苑《しんにょえん》も、要するに……。

伊藤真乗　言い間違えた。インスタント宗教が……。

司会　インスタント宗教？

伊藤真乗　ああ。インスタント宗教があるからさあ……。

司会　インスタントで悟れるのでしょうか。

伊藤真乗　ええ。悟れなかったら、「空海《くうかい》も釈迦も嘘《うそ》を言っていた」ってことになるからなあ。うーん。

司会　いえ、空海は空海なりに修行をしていました。

伊藤真乗　空海が悟ったかどうか、誰が分かる？

司会　そのインスタントの部分は入れていないはずです。

伊藤真乗　いや、インスタントに悟ったんだよ。

司会　インスタントを入れたところから間違っていったのではありませんか。

伊藤真乗　彼は、どこで修行したんだか、分からないんだよ。そして、その修行の認定、悟りの認定が、どこで出たのかも、はっきりとは分からない。突如《とつじょ》、ああなってるんだ。

10 「仏性《ぶっしょう》」と「永遠の生命」に対する考え方

仏性《ぶっしょう》を、「犬や猫《ねこ》よりは上」ということだと理解している

司会　「仏性即成仏《ぶっしょうそくじょうぶつ》」については、どう思われていますか。

伊藤真乗　ん？　うーん。まあ、仏性即成仏……。「仏性」と言われると、もう一つよく分からないところがあるんだけどな。知らない。

司会　あなた、仏教を勉強していないですね。

伊藤真乗　いや、そんなことはないよ。何を言ってるんだ。だから、如来《にょらい》は如来なんだよ。如来は……。

司会　如来は勉強しなくてもよいのですか。

伊藤真乗　如来は最初から如来なんだよ。だから、君らの言う「仏性」って、もっと、ずっと低い世界のことを言ってるんじゃないか。

司会　いえいえ、仏性とは「仏の性質」のことです。

伊藤真乗　「犬や猫《ねこ》よりは上かな」っていうあたりを、仏性と呼んでるんだな。

司会　あなたは、全然、仏教を知らないんですね。

伊藤真乗　わしは「如来の性質」のことを言ってるんだからね。それを「真如《しんにょ》」と言ってる。真如は、だから、仏性なんていう、そんなレベルの低いものとは違うんだよ。

司会　「真如」と「仏性」は違うんですか。それは、あなたの理論ですね。

伊藤真乗　いや、仏性ってのはなあ、「犬にも仏性があるかないか」って、禅《ぜん》で議論されるぐらいのレベルのものなんで、真如ってのは、もう、如来の性質だからね。如来と犬や猫とを一緒にするでない！

司会　「仏性」という字は、「仏の性質」と書くのではありませんか。

伊藤真乗　ああ。だけど、仏の性質のなかにも、犬や猫と同じものはある。おしっこをしたり、うんちをしたりするだろうが！　それが犬や猫の〝人生〟だね。

司会　では、あなたは、おしっこもされないのですか。

伊藤真乗　あん？　わしは、しないよ。もう、わしは、ものも食わず……。

司会　まあ、霊《れい》ですから、今は、できないわけですね。

伊藤真乗　出しもせず、屁《へ》もひらず……（会場笑）。

司会　（苦笑）

伊藤真乗　二十一年か？　君らの言うことには。

司会　ええ。

伊藤真乗　うん。瞑想《めいそう》、瞑想しておるんだ。

司会　では、生きているころは、まだ煩悩《ぼんのう》があった？

伊藤真乗　ものも食べずに、こうやって話ができる。これは、もう、超能力《ちょうのうりょく》の極《きわ》みだな。

司会　いや、死ぬと、みんな、そうなるのです。

伊藤真乗　こんな極道《ごくどう》を相手にして、こんな平和な心を維持《いじ》できる。これは、もう、悟《さと》った人間の特徴《とくちょう》じゃないか。

司会　死んだ人は、みんなそうです。

伊藤真乗　そんなことはないよ。

司会　そうなのです。

伊藤真乗　死んだ人が、こんな饒舌《じょうぜつ》にしゃべれるわけがないだろうが。

司会　いや、昨日《きのう》も、〝タランチュラ〟が出てきて、饒舌にしゃべっていました（『宗教決断の時代』〔幸福の科学出版刊〕第1章「文鮮明守護霊《ぶんせんめいしゅごれい》の霊言」参照）。

伊藤真乗　何なんだ？　その、タ、タ、タ、タラン、チュラ、チュ、チュラ、チュラ

……（会場笑）。

司会　はい？

伊藤真乗　タランチュラって？

司会　クモの……。

伊藤真乗　あ？

司会　守護霊がクモの姿をしている方がいたのです。

伊藤真乗　あ、クモ？　ああ、クモ、クモ。クモは、まずいぞ、食っても。

伊藤真乗は「自分は死んでいない」と考えているのか

C――　結局、「自分は死んでいない」ということですか。

伊藤真乗　え？　わ？　え？

C――　結局、「自分は死んでいない」とおっしゃるわけですね。

伊藤真乗　わ、わしのことか？　うん。君、言い方が、なんか、ちょっと、少し、今、角《かど》が……。こいつ（司会のこと）みたいな角はないけど、君、言い方、ちょっと、なんか、ちょっと、なんか、罠《わな》が……。

C――　（笑）

伊藤真乗　罠をかけてたような気がするな。ええ？

C――　いえいえ。しかし、そうおっしゃっているわけですよね。

伊藤真乗　いや、まあ、「永遠の生命」っちゅう、都合のいい言葉があるのね、仏教には。

C――　永遠の生命とは、そういうことなのですか。

伊藤真乗　ああ。永遠の生命は……、うん、だから、生き通しの人生なんだよな。うん、うん。

C――（苦笑）

伊藤真乗　ヒッハッハ。おまえらごときで、この如来が折伏《しゃくぶく》できると思うとるところが甘いんだよ。何百人かかったって、わしを折伏なんかできんのだよ。ハッハッハッハ。ざまあみろ！（会場笑）

C――（苦笑）別に……。実態を明らかにしようとしているだけですので……。

司会　もう、かなりボロは出ていらっしゃいますけれども（会場笑）。

伊藤真乗　ボロなんか、一カ所も出してない。

司会　え？　かなり出ていますよ。

伊藤真乗　さっき来てたやつなんか、もう、凡人《ぼんじん》だったじゃないか。わしなんか、天才じゃないか。見ろ、全然違う。

司会　いや、さきほどの方は、すぐ出てこられました。

伊藤真乗　わしは宗教家として、もう、ほんとに優《すぐ》れてるだろうが。弟子《でし》になりたくならないか。

司会　いえいえ、なりたくありません。

伊藤真乗　君ら、スーパーマンになれるぞ。

出てきたときは、苦しそうな「ふり」をしただけ？

司会　出てくるとき、何か苦しそうでしたよね。

伊藤真乗　えー、それは「ふり」というんだよ、一種の。

司会　ふり？

伊藤真乗　うん。そういう「ふり」をしただけ。わしが、あなたがた人類の苦しみを背負って苦しんでる救世主であることを示すために、そういう「ふり」をしただけ。

司会　いや、しかし、最初、「ああ、やっと、あなたのおかげで、死んだことが分かった」と言っていたではないですか。

伊藤真乗　いや、それをねえ、「ポーズ」と言うんだ、君、英語では。

司会　ポーズなんですか。

伊藤真乗　うん。方便と言ってもよろしい。それは、君らを救うための方便であって、君らが精神的優位に立てるように見せてやるために、わざと言ってる。わしが偉大《いだい》な如来だと知ったら、君らは、もう、かしこまって、何も言えなくなるだろう？　だから、わざと、ばかのふりをしてやったんじゃないか。何を言ってるんだ。

司会　いや、先ほどの方のほうが賢《かしこ》かったような気がしました。

伊藤真乗　さっきのは、ばかだったな、なんか。

司会　いや、いや、いや、そういう言い方は、されていませんでした、先ほどの方は。謙虚《けんきょ》でした。

伊藤真乗　立正佼成会《りっしょうこうせいかい》だろ？

司会　はい。

伊藤真乗　ばかの集まりだよ、あんなの。

司会　はあ？

伊藤真乗　あんなの、宗教家の風上にも置けない。もう、漬物《つけもの》やっとりゃあいいんだ、漬物の全国チェーンを。

司会　分かりました。

11　修行《しゅぎょう》を、どう捉《とら》えているか

真如苑《しんにょえん》の〝修行《しゅぎょう》〟とは、人の苦しみを受けて転げ回ること

司会　最後に、一つだけ訊《き》きたいのですが。

伊藤真乗　うん。

司会　真如苑《しんにょえん》の信者さんたちからは、特別な修行《しゅぎょう》をしなくても、千人も霊能者《れいのうしゃ》が出たのですか。

伊藤真乗　いや、修行は……。それは……。

司会　どのような修行をしているのですか。

伊藤真乗　修行は……。それは積んでますよ、修行は。

司会　インスタントな部分を入れ込《こ》んだわけですよね。

伊藤真乗　いやあ、『大般涅槃経《だいはつねはんぎょう》』は読んでだね、あと……。

司会　読んだだけで？

伊藤真乗　接心《せっしん》修行を重ね、高次の霊能者に指導を受け、それで、人の苦しみを自分の苦しみとして受けて、転げ回る修行を積んだら、偉《えら》くなれるんだよ。

司会　なぜ転げ回るのでしょうか。

伊藤真乗　いやあ、大きな霊能者になると受けるんだって。だから、君。君の、その、なんというか、〝悪魔《あくま》の想念〟を受けておりながら、こうやって、人間として、しゃべるっちゅうことは、大変なことなんだよ。

分かる？

司会　解決できないで、転げ回っているのではないのですか。

伊藤真乗　うーん。君の過去世《かこぜ》は、きっとヤクザだ、やっぱり。
司会　（苦笑）過去世まで分かる、あなたの過去世は何ですか。
伊藤真乗　そう、三世《さんぜ》が分かる。
司会　では、あなたの過去世を言ってください。
伊藤真乗　私の過去世は、お釈迦《しゃか》様だろうな、きっと。うん、うん。
司会　…………。
伊藤真乗　黙《だま》っただろ？　ハッハッハッハッハッハッ。
司会　いや、黙ったというか、あきれているだけなのですが。
伊藤真乗　ハッハッハッハッハッハ。ハッハッハッハッハ。
司会　分からないのですね。
伊藤真乗　大教祖に対して、君ら、そんな、無理なんだよ。何が「目からウロコの宗教選び」だ。いいかげんなこと言うんじゃないよ！　ほんとに。ウロコなんて、落ちるもんか。

覚鑁《かくばん》を〝密教《みっきょう》版のキリスト〟と考えている

司会　だいたい、どんなお人柄《ひとがら》かは分かりました。

伊藤真乗　うーん。これで、何？　君ら、わしが如来《にょらい》だということを、もう認定したということで、いいな？　そういうことだな？

C――「如来ではないと認定した」と。

司会　「ご自身が、そうおっしゃっている」ということだけが明らかになりました。

伊藤真乗　「空海《くうかい》、覚鑁《かくばん》を、あるいは超《こ》えるかもしらん如来だ」ということを認めたな？

司会　ただ、一つだけ申し上げますと、覚鑁は悪魔です（『エクソシスト入門』〔幸福の科学出版刊〕参照）。

伊藤真乗　そんなの、分かるか。

司会　分かるのです。

伊藤真乗　そんなことないよ。わしらの世界では、偉《えら》い人ですから、とっても。

司会　なぜ、その方と一緒《いっしょ》なのでしょうか。

伊藤真乗　ええ？　何を言ってんの？　真言密教《しんごんみっきょう》をやった人で覚鑁先生を知らない人は、いませんよ。

司会　いや、知らない人はいないかもしれませんが……。

伊藤真乗　有名ですから。

司会　ええ。悪魔と認定されています。

伊藤真乗　この人は、真言密教の中興の祖ですからね。もう、負けかかってたやつを巻き返したんですから。

司会　この人の霊が入って指導した宗教は、たいてい曲がっていっています。

伊藤真乗　うーん。それは偏見《へんけん》なんじゃないかなあ。

司会　いや、偏見ではないのです。

伊藤真乗　うーん、ま、密教には、誤解されやすいところがあるからな。

司会　いやいや、先ほど言ったように、「空海の教えをインスタントに曲げていった」ということです。

伊藤真乗　ん？　いや、だから、君らさあ、キリスト教だったら、十字架《じゅうじか》に架かったイエスを信じる者が、世界中にいるんだろ？　覚鑁っていうのは、真理のために生きてだねえ、最後は、もう、矢をいっぱい撃《う》ち込まれてだねえ、非業《ひごう》の最期《さいご》を遂《と》げたんだよ。だから、日本のキリストなんだよ、君。分かる？　密教版のキリストなんだよ。だから、救世主なんだよ。

司会　彼には教えを曲げたところがあるのです。

伊藤真乗　うーん。それも偏見だな。まあ、他宗から言やあ、そういうふうな言い方はあるだろうと思うけどな。即身成仏《そくしんじょうぶつ》は、あくまでも護《まも》ろうとしたんだよ。

司会　まあ、〝インスタント・ラーメンの世界〟に変えてしまったわけですね、宗教を。

伊藤真乗　それは、流行《はや》るからね、インスタント・ラーメンは。今、世界はそちらに動いてるんじゃないか。

真如苑《しんにょえん》は〝インスタントに即身成仏《そくしんじょうぶつ》ができる宗教〟

司会　真如苑《しんにょえん》というのは、要するに、あなたの考えによると、「インスタントに即身《そくしん》成仏《じょうぶつ》ができる」という宗教ですね。

伊藤真乗　いや、「今の世界は、みんな、インスタントの世界へ向かってる」ということを知らないの？

司会　では、時代を先取りした宗教ですか。

伊藤真乗　いやあ、もう、鎌倉《かまくら》時代の宗教もインスタント宗教なんだよな。
　それは、そうだよ。長い修行は嫌《いや》なんだから。

司会　では、真如苑は最先端《さいせんたん》のインスタント宗教ですか。

伊藤真乗　「インスタント」と言うと、言葉がちょっとあれで、語弊《ごへい》があるけど、まあ、宇宙時代の宗教と呼ぶべきだよな。

司会　それだけ、インスタントで……。

伊藤真乗　「それほどに速度がある」ということだ。

司会　「簡単に成仏《じょうぶつ》できる」と？

伊藤真乗　まあ、真如苑に入って修行さえすれば、みんな如来になれる。

司会　どれぐらいの期間で如来になれるのですか。

伊藤真乗　人によるな。それは寄付した額にもよるけど、早ければ、やっぱり、数カ月で如来まで行ってしまう人もいる。
司会　数カ月ですか。
伊藤真乗　まあ、普通《ふつう》は行かない。いちおう、何段階かあるからね。
司会　宇宙時代の宗教だと、一日、あるいは、二、三日で、できるのではないですか。
伊藤真乗　段階があるから、そう簡単には認めないけどね。簡単に認めたら、だんだん、お布施《ふせ》がもらえなくなるじゃないか。だから、お布施を長くもらうためには、やっぱり、段階をつけて、時間を引き延ばさなきゃいけないからね。
司会　ああ。そうすると、もうちょっと長く……。
伊藤真乗　それは、君らもよく知ってることだろうからね。
司会　では、修行期間をもう少し長くし、お布施を、ある程度、出していただいて……。

伊藤真乗　うん。そう、そう、そう。資格を出して、上げていかなきゃいけないからね。

布施《ふせ》に込められた「思い」の大切さを理解していない

司会　そうすると、悟《さと》りというのは、要するに、お布施《ふせ》の額と……。

伊藤真乗　うん。君らと、そのへんでは意見が一致《いっち》するな。

司会　いやいや。一致はしないですね。

伊藤真乗　え？　一致してるじゃないか。何を言ってる。

司会　いや、お布施に込められた「思い」が大事なのではないですか。

伊藤真乗　（Cに）理事長、懺悔《ざんげ》しろ！　一致してるだろうが。

C――　いえいえ、とんでもない。

伊藤真乗　いや、お布施をしたら菩薩《ぼさつ》になれるんだろうが。うん？　うん？

C――　いえいえいえ。

伊藤真乗　だから、「もう一段、お布施をして一億出せば、涅槃寂静《ねはんじゃくじょう》に入《はい》れる」っていうのをつくったら、わしが営業促進《そくしん》に協力してやる。

司会　そういう教義があるのですか、真如苑には。

伊藤真乗　いや、教えてやったんだ。今、教えてやったのよ。うん。涅槃に入れる〝涅槃献金《けんきん》〟っていうものをつくったらいいよ。うん。〝涅槃寄付〟。ハハ。

司会　「思い」は関係ないのですか。

伊藤真乗　え？　何？

司会　お布施の「思い」は関係ないのですか。

伊藤真乗　君、君、悪人だから、もう黙《だま》ってなさいよ。

司会　（笑）分かりました。

お時間になりましたので、以上とさせていただきます。

伊藤真乗　うん？　もう、これでいいかい？

司会　はい、ありがとうございました。

C――　ありがとうございました。

伊藤真乗　うん。

12 「伊藤真乗の霊言《れいげん》」が示す真実とは

伊藤真乗は〝千年悪魔《あくま》〟になるタイプ

大川隆法　ああ（会場笑）。
　大変ですね。そんなに簡単ではないですねえ、これは。うーん。文鮮明《ぶんせんめい》氏並みに手《て》強《ごわ》いかもしれない。そんなに簡単にいく人ではありませんね。

司会　はい。

大川隆法　これは〝千年悪魔《あくま》〟になるタイプだと思います。目覚めさせてしまったかもしれない。

C――　そうですね。

司会　寝《ね》ていた人を……。

大川隆法　寝ていた〝ゴジラ〟を起こしましたか。

司会　起こしてしまいましたね。

大川隆法　起こしてしまったかもしれませんね。寝ていたのが起きてしまったかもしれない。これから本格的に活動を開始したら、どうしましょうか。困りましたね。悪魔を、もう一匹《いっぴき》、解き放ったかもしれない。うーん。これは、やりますよ。だから、〝覚鑁《かくばん》2《ツー》〟です、これは。

司会　はい。

大川隆法　そうなりますね。いやあ、悪魔を解き放ってしまいましたか。困りましたねえ。

司会　ええ。

明るみに出せば自壊《じかい》作用が働き、悪魔《あくま》の力が弱まる

大川隆法　まあ、でも、知られることによって、明かりで照らされることによって、やはり、悪は消える面もありますからね。

司会　はい。

大川隆法　昨日《きのう》の霊《れい》（文鮮明守護霊）も、ライトをつけられ、すみかの洞窟《どうくつ》に光が射《さ》し込《こ》んだならば困るのだろうし、この人だって、〝涅槃寂静《ねはんじゃくじょう》〟の薄暗闇《うすぐらやみ》で瞑想《めいそう》しているところにライトを当てられたら、やはり困るのでしょう。

だから、明るみに出すことで崩壊《ほうかい》するところもあるから、その自壊《じかい》作用が働くことを祈りましょうか。もし、この霊言を読んで、真如苑《しんにょえん》の信者の方々のなかで真実に気づく人が出たら、それは自壊作用の一つだから、悪魔《あくま》の力が弱まることにはなるでしょうね。

だいたい、今どき、呪詛《じゅそ》を肯定的《こうていてき》に言っているようなレベルですから。

司会　はい。

大川隆法　残念ながら、「迷っている」としか言いようがありませんね。

そして、「涅槃寂静」の解釈《かいしゃく》を間違《まちが》っているんです。『涅槃経《ねはんぎょう》』を根本経典にしているけれども、「涅槃寂静に入《い》る」ということを、「死んだら何もかもおしまいになる」というような世界だと思っている状況《じょうきょう》に近いかもしれません。

司会　そうですね。

大川隆法　こんなところにも悪魔が潜《ひそ》んでいましたか。

司会　はい。

最大の盲点《もうてん》は「自己責任の回避《かいひ》」

大川隆法　こういうものが代表的な教団の一つに数えられているのですか。宗教の評判が悪いはずです。「触《さわ》らぬ神に祟《たた》りなし」は、ある意味では本当ですね。厳しいなあ。

ところが、彼らから見たら、正反対になって、「自分たちが責められている。いじめられている」と言いますからね。うーん。難しい世界ですね（ため息）。

これで、私は、また真如苑から呪《のろ》いを受けるかもしれないけれども、そうなったら、頑張《がんば》って跳《は》ね返さなくてはなりませんね。

以前にも、それをされたことがあるのです。私が横浜《よこはま》アリーナで講演をするというときに、真如苑では、私に対して一生懸命《いっしょうけんめい》に呪詛《じゅそ》をしたようなのですが、私が死ななかったので驚《おどろ》いたようです。

「わしらが呪詛をかけたら、相手は必ず死ぬのだ。一日で殺せる」と思っていたようですが、私がまだ死んでいないことを知り、「大川隆法は、なぜか死なない」と言って、びっくりしたらしいのです。

まあ、これも仏教のなかの闇でしょう。これも人間の欲望に基《もと》づいた宗教のあり方の一つですから、しかたがない面もありますが、闇の部分は修正せざるをえないのです。

この教団は、「ほかの人の苦しみを受けて自分が苦しむ」というようなことを言っていますが、こういう〝入れ替《か》え〟によって、責任を回避《かいひ》しているのです。自己責任を受け入れずに、「人の苦しみなどを受け取っているのだ」という言い方で「逃《に》げる」わけですね。

たぶん、最大の弱点というか、盲点《もうてん》は、ここでしょう。

自分が、調子が悪くなったり、苦しんだりした場合には、すぐ、「人の苦しみを受けているからだ」という言い方をします。キリスト教のような言い方ですが、受難をしているように言って逃げるのです。

おそらく、ここの霊能者は、みな、調子が悪いだろうと思います。しかし、「それは、ほかの人の苦しみなどを受けているのだ」という言い方をするんですね。

ほかにも、そういうことを言っている宗教があり、そこには、お金もあるようなので、そのまねをしているのかもしれません。「おふりかえ」などというものです。『おふりかえ』で、ほかの人の苦しみを受けるのだ」などという言い方をするわけです。

しかし、本当は、自分に悪魔が憑《つ》いていたりして、それで苦しかったりするのですが、自分に対する評価が高すぎるために、そのへんが分からないのです。

まあ、この人は、けっこう大変でした。意外に大物です。それなりのものですね。

司会　ありがとうございました。

大川隆法　いや、困りましたねえ。大勢の人が、これに捕《つか》まえられているのですか。やはり、念力、念の力で、けっこう増えるのでしょうか。これは困りましたね。では、とりあえず、午前中は、これで終わりにしましょうか。

司会　はい、終了《しゅうりょう》します。ありがとうございました。

第3章

創価学会の「功罪」を語る

――池田大作守護霊《しゅごれい》の霊言《れいげん》――

二〇一〇年九月一日の霊示

池田大作《いけだだいさく》（一九二八〜）

創価学会の第三代会長（現名誉《めいよ》会長）、ＳＧＩ（創価学会インタナショナル）会長。十九歳《さい》のとき、戸田城聖《とだじょうせい》（四年後に第二代会長）の講義を受け、創価学会に入信。三十二歳の若さで会長に就任する。「折伏大行進《しゃくぶく》」を展開して創価学会を急拡大させたが、勧誘《かんゆう》の強引さが批判を招き、そのことが宗教に対するイメージを損《そこ》ねる一因となった。六四年には「公明党」を結成して政界に進出。九一年には、創価学会とＳＧＩが日蓮正宗《にちれんしょうしゅう》から破門され、現在に至る。過去世《かこぜ》は、中国・後漢《ごかん》末期の武将である袁紹《えんしょう》。

［質問者はＤと表記］

1　池田大作氏の本心を探る

大川隆法　今日は、最後に難しいものが残りました。

昨日《さくじつ》、創価学会初代会長の牧口常三郎《まきぐちつねさぶろう》さんの霊言《れいげん》を聴《き》きましたが、どちらかと言えば、「本山に帰依《きえ》して、信徒団体に戻《もど》れ」というような結論でした（『宗教決断の時代』〔幸福の科学出版刊〕第２章参照）。

創価学会としては、「解散しろ」と言われたようなものですから、そう簡単には受け入れられないでしょう。「それを受け入れるぐらいであれば、『その霊言は偽物《にせもの》だ』と言ったほうが早い」と考えるであろうと推定されます。

確かに、牧口さんの霊言は、「現在の創価学会の意見を必ずしも代表しているとは言えない」と思われますし、彼の時代には、五千人以上の信徒はいなかったので、「今の創価学会とは違《ちが》う」と考えなければいけないでしょう。

そこで、今回は、池田大作氏の守護霊《しゅごれい》を呼んでみます。池田氏は、生きている人であり、本人を呼び出すわけにいかないので、守護霊の意見を聴いてみようと思うのです。

守護霊は、本人とは違うので、どの程度、考え方が同じであるかは分かりません。ただ、昨日招霊《きのうしょうれい》した文鮮明《ぶんせんめい》守護霊の感じからすると、本人の考え方と、それほど大きく変わらないのではないかと思います。あるいは、本人以上に饒舌《じょうぜつ》というか、正直にしゃべるかもしれません。そういう印象は受けました。

また、守護霊の語る内容は、生きている本人のコンディションとも連動するので、現在の健康状態が、どの程度であるかによっても、違いが出るかもしれません。

池田氏は、戦後、日本の宗教界において、よきにつけ悪《あ》しきにつけ、評価の対象になった人ではあろうと思います。

私としては、できるだけ、無色透明《とうめい》な立場で接してみたいと思います。「どのような考えを持った守護霊か」を見ることによって、本人の考え方の筋というものが、全体的に見えてくるのではないかと考えます。

池田氏は公人《こうじん》でもあるので、その本心を探るというのは、大事なことではないかと思います。ある意味で、私は公益性があると考えています。

先般《せんぱん》、小沢一郎氏の守護霊を呼びましたが、こういう人の守護霊の意見も聴いておくと、やはり、本人の考え方が、よく分かってくるものです。

「若干《じゃっかん》、本人自身とは違う」という言い逃《のが》れはできるかもしれませんが、傾向《けいこう》を探ることは可能かと思います。

ただ、この人は、いちおう、大物ですので、どこまで本心に迫《せま》れるかは微妙《びみょう》です。場合によっては、質問者を何人かぶつけてみて、いろいろな角度から検証してみる必要があるかもしれません。

それでは、まず昨日《さくじつ》、初代会長にインタヴューした人（Ｄのこと）に、今度は、「三代目の会長はどうか」、検証していただこうと思いますので、よろしくお願いします。

（深呼吸を四回する）

創価学会名誉《めいよ》会長・池田大作氏の守護霊よ。どうか、幸福の科学総合本部に来たまいて、その本心を明かしたまえ。

あるいは、われらに対する意見等がありましたら、どうか、率直に、その心の内を明かしたまえ。

池田大作氏の守護霊よ、池田大作氏の守護霊よ。幸福の科学総合本部に来たりて、その本心を明かしたまえ。

（約一分五十秒間の沈黙《ちんもく》。椅子《いす》の背もたれに上体を反《そ》らす）

2 戦後、創価学会が躍進《やくしん》した理由

D── 池田名誉《めいよ》会長の守護霊様でしょうか。

池田大作守護霊　ん？

D── 池田名誉会長の守護霊様でしょうか。

池田大作守護霊　そういう君は何だね。

D── 初めてお目にかかります、月刊「ザ・リバティ」（幸福の科学出版刊）編集長の○○と申します（収録当時）。

池田大作守護霊　んー、そう。

D── 今日は、池田名誉会長の守護霊様への単独インタヴューという、たいへんなチャンスをいただきました。

池田大作守護霊　許可してないけどね。

D――　ある意味、スクープとして、こういう機会を賜《たまわ》りましたので……。

池田大作守護霊　マスコミは嫌《きら》いなんだけどね。

D――　そうした、「マスコミは嫌いだ」という思いも含《ふく》めて、めったに明かされない池田名誉会長の本心を、この場にて、少し開陳《かいちん》していただければと思います。

池田大作守護霊　開陳ときたか。

D――　はい。

池田大作守護霊　ハッハッハッハ。

D――　ぜひとも、よろしくお願いいたします。

池田大作守護霊　開陳か。ハッハッハ。あっちのほうの「ちん」は駄目《だめ》だぞ。

D―― （苦笑）そちらのほうは、もちろん訊《き》きません。ぜひ、大きな志、あるいは、お考えや思想について述べていただきたいと思います。これは、全国民が望んでいることでもあると思います。どうぞ、よろしくお願いいたします。

池田大作守護霊　全国民は望んでないでしょう。君、正直に行こうや。ああっ？

D―― いえいえ。

池田大作守護霊　全国民が、私の言葉を望んでるって？　そんなことはないでしょ？

D―― 池田名誉会長の、本当のお心のことです。

池田大作守護霊　君が望んでるんでしょうが。

D―― もちろん、私《わたくし》は第一番に望んでおります。はい。どうぞ、よろしくお願いいたします。

池田大作守護霊　まあ、正直に行こうぜ。うーん。

D――　はい、正直に、率直に行かせていただきます。

池田大作守護霊　ああ。

池田大作を偉《えら》く見せるために、弟子《でし》はずいぶん苦労した

D――　まず、創価学会の活動全般《ぜんぱん》について、お伺《うかが》いしたいと思います。

池田大作守護霊　うーん。

D――　創価学会が大《だい》を成したのは、やはり、池田氏の会長就任以降……。

池田大作守護霊　「先生」と言ってもいいんだよ、君。無理しなくてもいいんだよ。

D――　はい、分かりました。創価学会が大を成したのは、間違《まちが》いなく、池田先生の功績が大きかったと思います。

池田大作守護霊　まあ、客観的にはそうかな。うん。

D――　時代的背景を含めて、どのようにして、あれだけ大きくしたのか。そのへん

の秘訣《ひけつ》をお聴《き》かせ願えればと思います。

池田大作守護霊　うーん、そうね。まあ、人気があったんだろうね。人気だよ。

D――　それは、「池田人気」ですか。「創価学会人気」ですか。

池田大作守護霊　うーん。「池田人気」だね。

D――　その「池田人気」というのは、どのようにして、つくられたのでしょうか。

池田大作守護霊　それはね。うちは、ほんとは神も仏もないから、まあ、「先生を立てる」ということさ。だから、戸田先生を祀《まつ》り上げ、忠実な弟子《でし》であることを表明することによって、ほかの人たちに、「自分たちも見習おう」というふうにさせれば、そうなるわけだ。君らの足りないところだな。ハッ。

D――　今、「うちは神も仏もないから」とおっしゃいましたが、その「うち」というのは、創価学会のことですか。

池田大作守護霊　ん？　創価学会？　うん。まあ、神や仏に代わりて、日蓮《にちれん》がいるがな。

D――　学会員のなかには、「池田先生は、日蓮聖人《しょうにん》以上の方だ」と言う人もおられます。

池田大作守護霊　それは、いいんじゃないか。君たちも、同じようなことを言ってるじゃないか。まあ、お互《たが》い、それはいいんじゃない？　君らだって言ってるだろうなあ？

D――　幸福の科学の話は、さて置きまして……。

池田大作守護霊　うーん。

D――　そうしますと、「池田人気」というものをつくって広げたわけでしょうか。

池田大作守護霊　うん。まあ、わしのような者はね。これは……、ハッ、ハハハハ。それは、君。まあ、客観的には、わしは成り上がり者だろうと思うよ。そういう自覚はある。

それを偉《えら》く見せるのに、弟子がずいぶん苦労しただろうよ。わしみたいな戦後の成り上がり者を大人物《だいじんぶつ》に見せるために、弟子はずいぶん苦労したと思うがな。

ただ、その反面、自分たちも、ちゃんと見返りは得ただろうからさ。「先生を偉くすればするほど、自分たちも偉くなれる」っていう構図かな？

そうであろうから、まあ、実物大の池田大作は知られていないよ。君は今、〝危険な賭《か》け〟に挑戦《ちょうせん》しているわけだ。実物大の池田大作を見たら、「なんだ、大《たい》したことねえじゃねえか」って言われるのが落ちだから、弟子は、わしを外には出さんようにしている。中だけで見せて、外には大きく見せるように努力していてさ。

だから、ある意味で、君たちと、うちとの違いは、弟子の違いだよ。な？　うちは、弟子が先生を偉くするのがうまいんだよ。君らは、先生が偉いんだ。だから、弟子が楽して生きていけるんだよ。

D――　そうしますと、池田名誉会長の実態を、大きく見せるために、弟子のみなさんは苦労されたということでしょうか。

池田大作守護霊　そうなんだよ。そのために、みな、作戦、作戦、謀略《ぼうりゃく》、謀略、戦略、軍略など、いっぱい研究して、「兵法」に凝《こ》ったわな。

戦後は、「大衆の味方」を標榜《ひょうぼう》すれば何でも伸《の》びた時代

D――　どういう作戦をとられたのか、お聴かせ願えませんでしょうか。

池田大作守護霊　え？　まあ、そりゃ、主として『三国志』と『水滸伝《すいこでん》』だよ。『三国志』と『水滸伝』の勉強会、読書会あたりから、天下取りの気分を盛り上げたのさ。君らは、それが、ちょっと足りなかったかな？　この世的な実務のロジックで大きくしようとしたのかな？

まあ、わしらは、というか、わしは特別な能力は持ってないからね。そのわしを神秘化するためには、そりゃ、努力が要《い》っただろうよ。

D――　今、「池田氏本人は、それほど大した人物ではない」とおっしゃったわけですが、守護霊様から見て、「人間の器《うつわ》」としては、どうなのでしょうか。

池田大作守護霊　うーん、まあ、大したことないんじゃない？　うん。君でもできる

よ。

D―― 以前、大川総裁より、「池田氏の過去世《かこぜ》は、三国志の英雄《えいゆう》の一人、袁紹《えんしょう》である」と教えていただいたのですが、今、話をされている守護霊様は……。

池田大作守護霊　まあ、そんなこともあったかな？　君らは、そんなことも言ってたね。ただ、私はちゃうけどね。

D―― もし、よろしければ、どういう方なのか、教えていただければと思います。

池田大作守護霊　いやあ、創価学会は、幸福の科学じゃないんだよ、君。だから、転《てん》生輪廻《しょうりんね》だの、魂《たましい》の兄弟だの、そんなことはあまり言わないのさ。
　おれには霊能力《れいのうりょく》がねえから、そんなこと言ったって、しょうがないでしょ？　だから、そういうことを言わないんだ。そんなことを言うと、幸福の科学の術中にはまるんだよ。

D―― そうしますと、分かっていて言わないのか、それとも、そもそも分からないのか、どちらでしょうか。

池田大作守護霊　君、今、際《きわ》どい球を投げたな？

D――　いえいえ。

池田大作守護霊　さすがじゃないか。君ぐらい優秀《ゆうしゅう》なのが、この教団に揃《そろ》っとれば、幸福の科学も創価学会ぐらいにはなるんだがな。

D――　いえいえ、とんでもないです。

池田大作守護霊　残念だな。君ぐらいしかいないからな。

D――　ただ、私《わたくし》は、守護霊様の立場から、池田氏本人の器について、そのように評価されているのを知り……。

池田大作守護霊　いや、大したことないよ。凡人《ぼんじん》だ。

D――　そうした池田氏に、なぜ、今世《こんぜ》、「創価学会の会長になる」という天命というか、機会が訪れたのでしょうか。

池田大作守護霊　まあ、非常にこの世的な人間だから、できたんじゃねえか。ほんとは、何でもできたんだと思う。だから、宗教でなくてもよかったんだよ。

戦後は、大したことのない経営者でも、みな、大会社の社長になったのさ。戦後日本の荒廃《こうはい》からの立ち直りのときには、一代で大会社の社長になった人がたくさんいるじゃないか。まあ、そんなものの仲間みたいなもんだと、私は思うけどな。

だから、時代の流れに合ってたんだよ。戦後、戦前の価値体系が全部崩《くず》れたからさ。それで民主主義のブームに乗って、庶民《しょみん》主義？　大衆主義？　まあ、「大衆の味方」ということを標榜《ひょうぼう》すりゃあ、何でも伸《の》びた時代だったんだよ。「庶民の味方」と言ってやればね。

私は、それを、宗教界で徹底的《てっていてき》にやっただけで、誰《だれ》がやったって、どうせ成功してるさ。

幸福の科学は「神話づくり」が足りない

D――　それでも、池田氏に白羽《しらは》の矢が立ったということは、やはり、氏が、例えば、ほかの人にはないような、何か大きな欲を持っていたとか、そういうことが影響しているのでしょうか。

池田大作守護霊　うーん。まあ、あえて言やあ、二代目の戸田城聖《とだじょうせい》先生か？　この人は、おそらく、この世的に見りゃあ、悪人なんだろうと思うよ。たぶん悪人だろうと思うけども、「そういう悪人であっても、『先生』として立て、いいところだけをできるだけ引き立てて、みんなにお見せした」というところに、芸術性があったんだろうね。

それができるようなら、私が、どんなに凡庸《ぼんよう》で、悪事を重ねても、次の弟子たちは私を飾《かざ》り立ててくれる。まあ、そういうことだな。

だから、「神話」ができるんだよ。松下幸之助《まつしたこうのすけ》の神話だって、いいところばかりを誇張《こちょう》して、出来上がってる。同じだよ。宗教の成り立ちと、ほとんど一緒《いっしょ》だわな。そりゃ、個人としては、失敗もあっただろうし、あくどいこともたくさんあっただろうし、共存共栄《きょうそんきょうえい》が大事だと言いつつ、実際は、ほかの企業《きぎょう》を潰《つぶ》したことだって、たくさんあっただろうよ。でも、つくろうと思えば、「神話」ができるんだよ。

だから、あなたがたの問題はね、あんたがたのことを言っちゃあ、「聞きたくない」と言うかもしらんけど、まあ、たまには聞けや。な？　半分ぐらいは聞けや。

D――　ええ、ぜひ、教えてください。

池田大作守護霊　ここは、〝赤門《あかもん》の会〟だからさ、教祖の能力がありすぎるんだよ。だから、教祖が実力でやっちゃいすぎるので、宗教としての神話性を、わざわざ、周りがつくり出す必要がないんだよ。そのへんで、本人に負担がかかりすぎていて、弟子が教祖を実物大に見せることができないでいるんだよな。

君らは、正直に率直にやってるつもりだろうけども、ほんとは、宗教はそれでは成り立たないんだよ。別に、嘘《うそ》の勧《すす》めをしているわけじゃないよ。ただ、キリスト教だって、どうせ、『聖書』の大部分は創作さ。イエスは惨《みじ》めに死んでいったんだと、わしは思うよ。

だけど、それを救世主にまで仕立て上げたのは、弟子の筆力《ひつりょく》だわな。筆力と信仰心《しんこうしん》だ。まあ、宗教の本質のなかには、そういうものがあるよな。

仏教だって、お釈迦《しゃか》様が生まれてすぐに、四方《しほう》に向かって七歩《ほ》歩いて、「天上天下《てんじょうてんげ》唯我独尊《ゆいがどくそん》」って言うわけがないだろ？　だけど、それを信じ込《こ》ませるだけの力が、宗教のなかにはあるんだな。

そういう神話をつくり出していく力を持ってる人が、初代なり教祖なりの周りにいなければ、大を成すことはできないんだよ。

『三国志』で言やあ、「劉備玄徳《りゅうびげんとく》神話」をつくり出す。「諸葛孔明《しょかつこうめい》神話」をつくり出す。『項羽《こうう》と劉邦《りゅうほう》』だと「韓信《かんしん》神話」をつくり出す。そうした神話が世間に浸透《しんとう》すれば、人々はその名前を聞いただけで怯《おび》えるようになるので、天下取りが容易になるわけだな。

だから、うちの弟子たちは、「いかに、『池田大作』という名前を浸透させて、それを偉くし有名にするか。そして、『その名を聞きゃ、泣く子も黙《だま》る』っていうふうにするか」ということに腐心《ふしん》していて、自分たちは、なるべく匿名《とくめい》に徹しているわな。このへんが、一つの神話づくりということだ。

君らは、ちょっと、神話づくりが足りない。私が批判しちゃいけないかもしらんが、ここの教祖様には、実力がありすぎるんだよ。それで、あまりにも実力主義、実用主義でやりすぎていると思うよ。

いやあ、私なんかに、超能力《ちょうのうりょく》が何もないことは、みんな知ってるさ。その超能力のない池田大作に、超能力でもあるかのように見せるためにね、私がわざわざ訪問すりゃ、花の蕾《つぼみ》にドライヤーで、一晩、熱風をかけて、それを咲《さ》かし、「池田先生がいらっしゃったから、季節外れの梅が咲きました」とか、「桜が咲きました」とか、頑張《がんば》ってる弟子もいるんだよ。そういうことをやって、神話というか、舞台《ぶたい》装置を一生懸命《いっしょうけんめい》つくってる連中がたくさんいるんだよ。涙《なみだ》ぐましいけどさ。君らには、そういう努力がないわな。

D──　確かに、そうした〝池田神話〟というものを聞いたことがあります。

池田大作守護霊　君らには、そういうのがない。先生が、実力で勝負してくるからな。本当は、そのほうがいいのかもしれないが、ただ、高校野球じゃないからさ。ピッチャー一人で投げてたら、そのうち腕《うで》を壊《こわ》すこともあるからね。だから、ちょっとは〝魔《ま》球《きゅう》〟もつくらないといかんのじゃないかね？

創価学会は、「利益共同体」だ

D――　「弟子たちが〝池田神話〟をつくっている」とのことですが、守護霊様から見て、その神話を信じる信者というのは、どういう存在なのでしょうか。

池田大作守護霊　まあ、「利益共同体」だよ。

D――　「利益共同体」ですか。

池田大作守護霊　うん。創価学会ってのは、「利益共同体」だよ。まあ、いちおう、建前としては、宗教の形態というか、信仰の形態をとっているが、実際は、「利益共同体」だ。つまり、利益がみんなに行き渡《わた》るように分配する団体で、農協《のうきょう》みたいなもんだ。

D―― 横の関係においては、利益の分配があるかもしれませんが、縦の関係においては、「信者の利益を一方的に吸い上げている」という批判も、一部にはあります。それについては、どうお考えですか。

池田大作守護霊　うーん、まあ、そうでもないんだ。ただ、吸い上げてるわけじゃ、ねえんだよ。

創価学会っていうのは、今はちょっとだけ変質していると思うんだが、もともとは、身分の低い、劣等感《れっとうかん》の塊《かたまり》みたいな人たちの集まりなんだよ。だから、そういう人たちにとっては、劣等感を吹《ふ》き払《はら》うような、何かスカッとしたホームランが要るんだよな。場外ホームランが要るんだよ。

そういうスーパースターをつくってね、それに自分の気持ちを仮託《かたく》するというか、投影することによって、自分たちの貧困《ひんこん》とか、病気とか、社会的地位の低さとか、差別とかを忘れる。一種の麻薬《まやく》かな？　あるいは、カタルシスっていうかな？　そういう役割を教祖に投影しているんだよ。

だから、「教祖を偉くするためだけに搾取《さくしゅ》している」と見るんだったら、まだ半分しか見ていない。まあ、教祖を偉くしている面もあると思うけども、そのなかに、自分たちの自己実現を半分投影しているんだ。

自分たちの買った株が値上がりしたような気持ちかな？　自分たちが信仰し、尊敬した教祖が偉くなっていくことによって、自分たちも偉くなったような気分を味わえる。つまり、この世の悩《なや》みや苦しみみたいなものを、ある意味で、和《やわ》らげるというか、忘れさせるような陶酔《とうすい》効果があるわけだ。

たとえは悪いが、阪神《はんしん》タイガースが優勝して道頓堀《どうとんぼり》に飛び込むような、あんな気分さ。分かる？　この世の憂《う》さを晴らすために、虎《とら》のまねをして、みな、やってるんだろう？　虎の服を着て、虎のお面《めん》を被《かぶ》って、ワーワー騒《さわ》いで、ビールを飲んで飛び込むだろうが。

異常と言やあ、異常だけどさ。宗教には、なんて言うかな、カタルシスと言やあ、ちょっとインテリっぽく聞こえるけど、そういう、この世の憂さを晴らすというか、ストレスを蒸発させてしまうような「何か」がなければいけないのさ。
創価学会には、それがあったんだよ。「情熱を傾《かたむ》けてやれば、天下取りができる」というような夢を、みんなで共有できていた。それで、この世的な不遇《ふぐう》、非難、あるいは差別等に屈《くっ》しないで、元気が出てくると。そういうところが、この教えの原動力になったのかな。

高度成長が終わったあたりから、創価学会は変質した

D―― それは、まさに、日本が高度成長に向かうころの時代風潮と合っていたからではありませんか。

池田大作守護霊　そうそう、そのとおりなんだよ。まさしく、そのとおりなんだ。だけども、高度成長が終わってきて、今、教団は変質していると思うよ。〝池田大作信仰〟風に立ち上げて、やってるけど、わしも「無理している」と思ってるんだよ。牧口先生がおっしゃっていたようだけど、本山と決裂《けつれつ》して、こういうかたちになったこと自体は、不幸なことだと、わしは思ってるよ。

うーん、「日興上人《にっこうしょうにん》や日蓮聖人《しょうにん》になり代わって、〝池田大作信仰〟をつくらないといかん」というのは、実に、きついことだよ。だから、おたくの教祖は、ようやっとるよ。ほんと、できるもんじゃないわ。人間として、とてもじゃないが……。天皇陛下の気持ちも、ちょっと分かってきたよ。まあ、たまったもんじゃないね。

D――　私《わたくし》も、今、ちょっと驚《おどろ》いておりますけれども、守護霊様から、「創価学会が変質した」と。

池田大作守護霊　変質したよ。

D――　その言葉を聞いて、ちょっと驚きました。

池田大作守護霊　変質した。まあ、はっきり言ったら、高度成長が終わる時期あたり、あるいは、高度成長の最後あたりから、完全に変質した。

創価学会は「庶民の宗教」「大衆の宗教」だったんだが、それでは済まなくなったんだな。日本全体が豊かになり、高学歴化が進んできたんでな。それで、高学歴で高収入を得ている人たちの目が、厳しくなってきた。

はっきり言って、初期の信者は、共産党と取り合っているようなレベルだったと思うよ。戦後の荒廃期は、「創価学会と共産党のどちらに入ったほうが、あんたがたの暮らしがよくなるか」みたいな取り合いだったと思うけれども、高度成長した結果、共産党レベルから、少なくとも中産階級ぐらいまで、うちのターゲットは上がったと思うな。

今は、もうちょっと上のほうに、上がっていこうとしている感じかな？　創価学園とか、政治への進出とか、社会的なコネクションづくりとかね。三菱《みつびし》系の銀行や商社を取り込んだり、慶應閥《けいおうばつ》を取り込んだり、いろいろなことをして、ブランドを上げようとしているわな。

だから、変質はしてると思うよ。インテリも入ってくるようになってきつつあるし、二世、三世のなかにはインテリも多い。高所得者も出てきつつある。戦後の創価学会の〝あれ〟とは違ってきていると思うな。

3　大石寺《たいせきじ》との決裂《けつれつ》について、どう思うか

創価学会が金を貢《みつ》いだために、本山の僧侶《そうりょ》は堕落《だらく》した

D――　その変質というのは、本山である大石寺《たいせきじ》との衝突《しょうとつ》が影響している面もあると思うのですが、先般《せんぱん》、牧口常三郎《まきぐちつねさぶろう》先生をお呼びしたところ、現在の創価学会に対して、「本山に帰依《きえ》せよ」「本山に帰れ」ということをおっしゃっていました。これについては、どのようにお考えでしょうか。

池田大作守護霊　それはねえ、牧口先生は偉《えら》い方で、純粋《じゅんすい》だとは思うけどさ。ま、半分はそうだと思うけど、半分は間違《まちが》っていると思うな。「半分はそうだ」というのは、「宗教的な原点から見れば、そうだと思う」という意味だ。しかし、半分は間違っている。やはり、本山の僧侶《そうりょ》は堕落《だらく》したわな。

堕落させたのは、はっきり言って、創価学会だ。彼ら自身じゃない。やつらが働か

なくても、まともな修行をしなくても、うちがお金をいくらでも貢《みつ》いでいったからだ。普通《ふつう》、宗教がお寺を建てるには、そうとう、努力が要《い》るだろうよ。お坊さんには、修行も要れば、徳も要る、在家の方々の応援《おうえん》を得なければ、寺は建たないけど、「創価学会が金を集めてくれて、ポンポンと寺を建ててくれる」っちゅんだから、堕落もするわね。

だから、「堕落させた」っていう面は、半分はあるよ。責任が、向こうだけにあるとは言わんよ。まあ、向こうにもあるけどね。

向こうから見りゃあ、創価学会の堕落で、「本山を利用して、発展しよった」ということだろうけど、こっちから見れば、「創価学会が貢いだ分、僧侶として堕落し、聖職者にあるまじき状態になった」という面はあるわな。

そういう意味で、うちが力を持ちすぎたために、本山と断絶状態になったわけだが、それには、まあ、しかたない面はあったかと思うな。そういうところはある。

その反面、私みたいに、初代ではなく三代目の人間で、しかも、名誉《めいよ》会長という、いったん会長職を退《しりぞ》いた人間が、神格化され、拝まれていること自体については、半分は「肯定《こうてい》」、半分は「否定」だな。

「かつての毛沢東《もうたくとう》やスターリン、金日成《きんにっせい》みたいなところがある」と批判されているけれども、そういうところはあると思うよ。だから、まずいと思う。「宗教として、これでいいのか」という迷いは、今も私のなかにあるよ。「私がこの世を去ったら、創価学会なる宗教は、この世に存続できるのか」という危惧《きぐ》は、やはり拭《ぬぐ》えないね。

D――「岐路《きろ》に立っている」ということですね。

池田大作守護霊　岐路に立っているというか、実に危ないんじゃないか。

「建設費以上に集まった金もよこせ」と言うのは強欲《ごうよく》だ

D――　創価学会の今後については、また、あとでお伺《うかが》いしたいと思います。

今、本山と決裂《けつれつ》した理由として、「本山の僧侶の堕落」を挙げられましたが、もう一点、「大石寺の建物を建てるために布施《ふせ》を募《つの》ったところ、予想以上にお金が集まり、それを全部、本山に渡すのが惜《お》しくなった。そこから本山とぶつかるようになった」

とも言われています。

池田大作守護霊　まあ、「下種《げす》の勘繰《かんぐ》り」っていう言い方はよくないかもしらんが、そういうところも、多少はあるんじゃねえか。

半永久的にもつようなものを建ててやったのに、それを壊《こわ》すような僧侶だからさ。やつらは、布施の精神を理解していないと思うな。

施工《せこう》するに当たっては、「だいたい、このくらいは要る」っていう必要予算のめどはあったさ。だけど、みんなが頑張《がんば》りすぎたために、余分に集まった金はあったかもしれない。しかし、それを、「着服した」「横取りした」みたいな言い方をするのは、やっぱり、あちらが強欲《ごうよく》なんじゃないかな？

「丸ごと、全部、自分たちのものだ。建物を建てて残った金も、よこせ」って言いたいんだろうがね。

わしらは、最初から、建設費用は分かっていたんだが、全国で勧進《かんじん》運動をやったら、現実には、それ以上、集まったわけだ。しかし、「それも全部よこせ」と言うなら、それは強欲と言わざるをえないんじゃねえか。「本堂を建ててやる」っていうだけでも、もう、ありがたい話だよ。

君らは、僧職の身でありながら、金集めしてるんだろ？　恥《は》ずかしいことですよ。僧侶にこういうことをさせないように、在家団体が、一生懸命《いっしょうけんめい》、金集めをやったんだよ。

今、あなたがたは、支部長とか、局長とかが一生懸命、大口の金集めに回っとるんだろ？　もし、僧職にあって、こんなの（半袈裟《はんけさ》）を着て、祈願《きがん》をやったり、瞑想《めいそう》指導をしたりしている人が、金集めをやってるんだったら、恥ずかしい話ですよ。ほんと、俗世《ぞくせ》にまみれてるわ。

それを、在家のほうが代わって、やっていたわけだからさあ。だから、そういう言い方をすること自体、ちょっと度が過ぎてるんじゃないか。

D――　それは分かりました。

本当は、「池田大作像を信濃町《しなのまち》に建てたい」と思っている

D――　ところで、本山に破門されたあと、創価学会は、在家団体という立場である

にもかかわらず、本尊を自分たちで制定し、それをコピー（複製）して、信者に下賜《かし》しています。この正統性については、どうお考えでしょうか。

池田大作守護霊　まあ、分かるよ。君が言いたいことは分かるけどさあ。

私だって、いちおう名誉会長として、まだ現役でやってんだから。

それは、第三代会長のままでいたって、いいわけだけどさ。本山とぶつかったんで、その責任を取って、いちおう引退し、名誉職に退《しりぞ》いたわけだよ。だけども、それで、本山と、本当の意味での和解というかたちにはならなかった。

やつらは、さらに責め続けて、「悪いのは創価学会であって、本山には、一切《いっさい》、非がない」という立場を貫《つらぬ》いていたわな。これは、やはり、「全国の信者の信仰心《しんこうしん》を踏《ふ》みにじるものであった」というか、「無視するものであった」というように、私には思えるな。

だから、やっぱり、それは対抗《たいこう》手段として必要だった。

要するに、宗教をするに当たって、うちには祈願の対象や宗教作法がないから、向こうは、本山への登山禁止を言ってきたよな。

「池田大作も、本山に登ることを禁ずる」と。つまり、「創価学会の代表をクビにするもしないも、本山の自由だ」ということだろ？

「全権は、こちらにあり」ということだ。今で言えば、天皇陛下が首相の任命をするんだろうけど、実際上、決定するのは、国民であって、選挙の投票結果によって決まっていくんだろう。それを、「天皇陛下に全権があって、何でもできる」みたいな感じにしたら、それは、民主主義と相容《あいい》れないものになるわな。

そのように、「信者全体の意向を無視して、本山の法主《ほっす》が、勝手に、創価学会の代表のクビを切れる」などということは認めることができない。それを自由にさせたら、もう好きなようにされてしまうじゃないか。そういう意味で、対抗上、「ある程度、宗教的な面をつくらなければいけない」という流れが、ここ三十年ほど続いたわけだな。

まあ、それは、君、「模倣《もほう》だ」「嘘《うそ》だ」っていう非難合戦はあるけどさあ。本山だって、事情は大して変わりゃあしねえから。

D――　守護霊様ではなく、池田名誉会長本人は、御本尊について、どのように思っておられるのでしょうか。

池田大作守護霊　御本尊はねえ……。まあ、それは、ハッハッハ、「幸福製造機」って言わせたいんだろうけどさ。そうだろ？　君は、そう考えてるんだろ？　「御本尊は幸福製造機で、拝めば、誰《だれ》でも幸福になれる」って言わせたいんだろうが。まあ、そう言ってやってても、いいけどさ。それは、現代人だから、ある程度は分かっているさ。

ただ、宗教には、なんか拝む対象がないと成り立たねえんだよ。な？　そういう意味で、拝む対象の中心が御本尊さ。だから、それは、大川隆法の写真だろうが、その剣《けん》だろうが、杖《つえ》だろうが［注1］、ほんとは何でもいいんだよ。誰かが、「これを対象にする」と取り決めれば、それで、いいんじゃないかなあ。

わしだって、本能から言えば、平壌《ピョンヤン》に立ってる金日成の像みたいなのを建てさせて、みんなに拝ませたいぐらいの気持ちはあるけど、一生懸命、それを抑《おさ》えてるんだよ。その本能を抑えてね、それだけは、やめさせてるんだ。

D――　守護霊様が抑えている？

池田大作守護霊　ああ、抑えてるんだ。「信濃町《しなのまち》の駅を降りたところに、三十メートルぐらいの池田大作像を建てて、みんなに参拝させたい」という気持ちは、もう十二分にあるよ。だけど、理性で抑えてるんだ。

D――　いや、〝建ててもよろしい〟のではないですか。

池田大作守護霊　え？　やろうか。やっちゃおうか。

D――　はい。

池田大作守護霊　ああ、やっちゃおうかなあ。やっちゃおうかな。ほんとに、もう、腹立ってるんだから。やっちゃおうかな。もう、山まで行く必要はないわな。

D――　何に腹が立っているのですか。

池田大作守護霊　信濃町で参拝できたら、もう、それで終わっちゃうな。そうしたら、日蓮正宗《にちれんしょうしゅう》とはバイバイだ。うん、うん。ほんとはそうだよ。だから、まあ、あっちが嫉妬《しっと》してるんだよ。な？

D―― 今のお話を伺い、信者の便宜《べんぎ》をわりと考えておられることが分かりました。

池田大作守護霊　うん、そのとおりだ。

［注1］霊言収録時、結界護持《けっかいごじ》のため、机の両脇《りょうわき》に、幸福の科学の祭具《さいぐ》である「降魔《ごうま》の剣」と「ケリューケイオンの杖」を安置していた。

4　創価学会における「信仰《しんこう》と救済」とは

本来は、「日蓮正宗《にちれんしょうしゅう》への信仰《しんこう》」が最終的な切り札であるべき

D――　先ほど、「信者の救済」という言葉が出てきましたが、救済とは、どういうことであると、お考えでしょうか。

池田大作守護霊　まあ、戦前もそうかもしらんが、主として戦後の宗教の活動根拠《こんきょ》は、「貧《ひん》・病《びょう》・争《そう》」と言われているわな。

創価学会にも、「貧しさや病気、それから、争い事、つまり人間関係の揉《も》め事を解決する」という目的で来た人は、たくさんいるよ。そういう意味では、ちゃんと、宗教としての本道を歩んだというか、使命はあったと思う。

それで、やっぱり、日蓮正宗《にちれんしょうしゅう》への信仰《しんこう》が、最終的な切り札であったわけよ。われわれで、できることはやっていたけれども、最終的には、「本山登山をしたり、日蓮聖《しょう》

人《にん》の御書《ごしょ》を読んだりして、信仰を立てることで救われる」というスタイルであったわけだ。別に、それが間違《まちが》っていると、私は思わないけどね。

ただ、まあ、社会の流動化と変動が起きてきたので、少しずつ考え方が変わってきたかもしれないね。

今は勤行《ごんぎょう》をしていない

D――　非常に率直なお考えですが、ある意味で、「本山も、御本尊も、一つの道具、ツールにすぎない」というようにも聞こえますね。

ところで、池田氏本人は、「南無妙法蓮華経《なむみょうほうれんげきょう》と唱えれば、願いが叶《かな》う」と信じて、毎日、勤行《ごんぎょう》をされているのでしょうか。

池田大作守護霊　うーん。まあ、若いころは、やっていたかな。純粋《じゅんすい》だったからね。若いころは、やったことがあるかもしれないな。

D――　今は？

池田大作守護霊　今？　そんな、やるわけないだろう。

D――（笑）

池田大作守護霊　ハッ、それが聴《き》きたいんだな？

D――いえいえ。

池田大作守護霊　もっと訊《き》いてもいいよ。しゃべってやるよ。私は守護霊だからさ。幽霊《ゆうれい》の言葉を信じる人なんか、いやしねえから、いいんだよ。

日蓮《にちれん》を尊敬しつつも、「日蓮を超《こ》えた」と思っている

D――では、今、池田氏本人は、創価学会信仰あるいは『法華経《ほけきょう》』信仰を、どのように考えているのでしょうか。そのへんについて、ぜひ、お聴かせください。

池田大作守護霊　いちおう『法華経』そのものはまだ残しているし、私は『法華経』解釈《かいしゃく》もやってるからね。

あんたがたは、外人とばかり握手《あくしゅ》をしている私しか、知らないかもしらんけどさ。『法華経』解釈なんかも、いちおうやってるわけだよ。これでも、教学《きょうがく》をやっていて、宗教をかじった者の端《はし》くれではあるんだけどね。

われわれ創価学会の現代的な運動も、いちおう日蓮《にちれん》の行動論に学んでいて、「現代なら、日蓮は、こうするであろう」というようなことを、やっているわけだ。「現代なら、日蓮は、政党をつくって、例えば、『日蓮宗を国教にしよう』という運動をするだろう」ということぐらい、推定はつくだろう？　それで、「政府に物申すようなことはするだろうな」とか、「貧しい人や病人を救おうとするだろうな」とか思うじゃないか。

まあ、そういうことを実現したわけだ。「日蓮なら、こうするだろう」という、そのお心を忖度《そんたく》して、やってきたわけだな。

本山は、タダ飯を食《く》らって昼寝しとる状態で、実は、何《なん》もやっとらんのだよ。創価学会のほうが、一生懸命《いっしょうけんめい》、汗水垂らしているけど、本山のほうは、昼寝をして、左《ひだり》団扇《うちわ》でやっとるような状態になっている。まあ、堕落《だらく》しとるわな。

牧口先生は、「本山に帰依《きえ》せよ」と言うかもしれないけど、本山の改革も一緒《いっしょ》にやってもらわないと、簡単には帰依できませんね。本山自体が、もう一回、きちんと修行をする清浄《しょうじょう》な僧侶《そうりょ》団体に変わっていただかないと、われわれも単なる信徒にはなれませんな。

D――　池田氏本人の信仰心は、どうなのでしょうか。

池田大作守護霊　ん？　何？

D――　信仰心はあるのですか。

池田大作守護霊　うーん。

D――　「本山への信仰」という意味ではありません。要するに、仏教そのものに対する信仰心はあるのでしょうか。

池田大作守護霊　まあ、日蓮への尊敬の心はあるな。うん、うん。

D――　尊敬ですか。では、信仰心というものは……。

池田大作守護霊　「尊敬の心」っていう言い方が、正確かどうか、ちょっと分からないがな。まあ、日蓮より、おれのほうが偉《えら》いだろうよ、率直に言って。な？　客観的に見て、そうだろ？

D――　うーん……。

池田大作守護霊　現代の日本から見て、「池田大作と、鎌倉《かまくら》時代の日蓮と、どちらが偉いか」って言ったら、それは池田大作のほうが偉いに決まってるじゃないか。日蓮なんか、弟子《でし》はパラパラとしかいなくて、闇討《やみう》ちばかり掛《か》けられて逃《に》げ回ってた状況《じょうきょう》でしょ？　念仏宗《ねんぶつしゅう》に襲《おそ》われるほど弱かったんでしょ？　諫言《かんげん》したって、幕府に握《にぎ》り潰《つぶ》されてるんでしょ？

うちは、念仏宗にやられるほど弱くはないしさ。政権もかなり動かしてきたしね。総理が替《か》わるときだって、いちおう、おれのところに、みな仁義を切りに来たさ。おれの承認を得ないと、替われないようなところはあったしな。だから、実は、「日蓮を超《こ》えた」と、わしは思ってるよ。

仏教の開祖・釈尊《しゃくそん》を立てない理由

D――　仏教の開祖・釈尊《しゃくそん》に対してはいかがでしょうか。

池田大作守護霊　釈尊を立てると、ちょっと話がややこしくなるんだよ。だから、日蓮で止《と》めておいたほうがいいんだ。

D――　「釈尊を立てると、ややこしくなる」というのは、なぜですか。

池田大作守護霊　勉強しなきゃいけないからさ。

D――　ああ。

池田大作守護霊　面倒《めんどう》くさいんだよ。仏教全体になったら多すぎる。大蔵経《だいぞうきょう》はちょっと多すぎる。仏教諸派を全部勉強しなきゃいけなくなる。

日蓮は、日蓮宗以外というか、『法華経』主義以外のものを批判してるから、うちが日蓮宗である以上、ほかの勉強をしてたら無駄《むだ》になる。そういう無駄なエネルギーは、あまり使いたくないんだよ。無駄なエネルギーを使うと、行動力が落ちるからね。だから、あまり考えたくないんだな。

D── なるほど。創価学会では、「勉強で無駄なエネルギーを使いたくない」ということで、日蓮聖人あるいは『法華経』から遡《さかのぼ》って、仏陀《ぶっだ》にまでは行かないわけですか。

池田大作守護霊　そう。行動、行動、行動あるのみだから、マルクス主義に負けない行動力があるわけだよ。

君らは、これも、本にするんだろうけどさあ。こんなにいっぱい本を出しても、みんな本ばかり読んでて、何《なん》にもしやしないじゃないか。選挙で票を取りたかったら、本なんか読ませちゃ駄目だよ。本なんか、年一冊ありゃ十分だ。もう、なくてもいいぐらいだわ。出版系は、ちょっと傾《かたむ》くかもしらんけどさ、そんな、本なんか読んでたんじゃ、あんた、得票できないよ。

本を出しすぎだよ。勉強しすぎだ。やめなさいよ。だから、行動あるのみだ。な？一日のうち十分ぐらい勉強したらいい。もう、その程度でいいんだよ。一日中、〝大蔵経〟を読んでたら、駄目だよ。くそ坊主《ぼうず》と一緒になるぜ。

D――（苦笑）学会の信者さんから、「『学会以外の本をあまり読むな』と言われている」という話を聞いたことがありますが、そのとおりでしょうか。

池田大作守護霊　まあ、行動力が落ちるからさあ。日蓮宗の魅力《みりょく》は、やっぱり行動力だよ、君。

D――　教学を重ねると、行動力が落ちますか。

池田大作守護霊　いや、勉強してもいいんだけどね。若いうちは、してもいいと思うよ。だけど、わしらなんか、吉田松陰《よしだしょういん》先生と同じなんじゃないかと思うんだよ。儒教《じゅきょう》で言やあ、王陽明《おうようめい》の陽明学みたいなもんだな。あれは、マルクスの行動論みたいなもんだけど、やっぱり、実践して成果をあげなきゃ、意味ないな。

本当は、二〇〇五年ぐらいに総体《そうたい》革命を起こしたかった

ほんとは、毛沢東《もうたくとう》革命みたいなのをやりたかったんだけどね。「池田大作革命」を

起こしたかった。二〇〇五年ぐらいに総体《そうたい》革命を起こして、日本を引っ繰《く》り返したかったんだけどな。ちょっと時期が過ぎちゃったな。年を取っちゃったあ。残念だよ。無念だ。ああ。

D―― 総体革命は、ずいぶん前からの計画でしたが……。

池田大作守護霊　うん、そうだね。分かるか。

D―― なぜ、駄目になったのでしょうか。

池田大作守護霊　力が足りなかったんだから、しょうがないだろ？

D―― どういう力が足りなかったのですか。

池田大作守護霊　三国時代も、魏《ぎ》・呉《ご》・蜀《しょく》の三国があったからさあ、なかなか、天下が取れなかったじゃないか。

要するに、ライバルがいたので、天下が取れなかった。自民党も意外に強かったし、社会党が政権に入った時代もあるし、いろんな政党があったからさ。ライバルも強かったので、天下取りに力が及《およ》ばなかったところがある。

あと、ほかの宗教も、なかなかね。庭野日敬《にわのにっきょう》も、今日、出ていたらしいけどさ。ほかの宗教も束になって、アンチ創価学会ということで、攻撃《こうげき》してきたのでね。あれをやられたら、ほかの宗教に帰依してる人とか、お墓を持ってる人とかは、創価学会を支援《しえん》するわけにいかないじゃないか。

だから、やっぱり、「敵が出てきた」っちゅうことはあったわな。

公明党っていうのは、諸葛孔明《しょかつこうめい》の「こうめい」をまねして付けた党名なんだけど、残念ながら、実際上は、『三国志』の魏の曹操《そうそう》みたいなもんで、「力余りて、天下取れず」というところかな。うん。

D――　そのライバルとして、一九八〇年代後半に誕生した、幸福の科学の存在も大きかったのでしょうか。

池田大作守護霊　ライバルって言うのは、君、やや、自尊心過多じゃないか。わしらは、そうは言ったって、もう、かれこれ八十年ぐらいたつかねえ。八十年ぐらいの歴史はあるから、いくらなんでも、それは、ちょっと違うんじゃないか。
戦前からやってるから、社会的な認知度や受け入れ度、定着度が違うさ。政党だって、君らは一年ぐらいやってるんだろうけど、うちは五十年以上やってるんだからさ。それは、ノウハウは違うよ。こちらからは、君らのやってるのが、幼稚園《ようちえん》のお遊戯《ゆうぎ》みたいに見えてるさ。

D―― 勢力という面では、そう見えるかもしれませんが、思想戦、あるいはオピニオンという点で見ると、一九九〇年代は、当会の影響《えいきょう》がかなりあったのではないかと思いますが。

池田大作守護霊　いやあ、そんなことはないんじゃないか。私は、世界を相手にして、世界の偉人《いじん》たちと対話して回ってたからさあ。日本なんか相手にもしていないぐらい、スケールが大きかったからさ。

5　創価学会の原動力の一つは劣等感《れっとうかん》

勲章《くんしょう》や名誉博士号《めいよはくしごう》を集めている理由

D――　ついでにお訊《き》きしますが、今、世界を回って、いろいろなところで、勲章《くんしょう》や名誉博士号《めいよはくしごう》をもらっておられますが、それは、何のためでしょうか。

池田大作守護霊　へ、へ、へ。ああ、いや、よく分かった。よく分かったけどさ。君、そんな、あれじゃないか。もう、なあなあにしようじゃねえか。君だって、あれだろ？　新潟《にいがた》から這《は》い上がってきたんだろうが。

D――　はい。

池田大作守護霊　なあ？　東京大学から、「名誉博士号をやる」って言われたら、君、嫌《いや》か？

D―― いや、拒否《きょひ》いたします。

池田大作守護霊　拒否する?

D―― はい。

池田大作守護霊　そんなやつが世の中にいるのかあ?

D―― そういうものを、もらえるような立場ではありませんから。

池田大作守護霊　東京大学が、「『ザ・リバティ』の編集長を、十年以上、頑張《がんば》った。これは素晴《すば》らしいオピニオンリーダーだった。名誉法学《ほうがく》博士号をあげる」と言っても、君、それをもらわないの?

D―― きちんとした学績に応じていただくのが、当然かと思いますが。

池田大作守護霊　うーん、君、それはねえ、謙虚《けんきょ》すぎるよ。

D―― いったい、どういう意図があって、世界のあちこちから、あれだけのものを集め、それをまた誇示《こじ》されているのでしょうか。

池田大作守護霊　君、蟻《あり》が餌《えさ》を集めてるような言い方をするのは、いくらなんでも、失礼に当たるねえ。おれは現代人だから、言葉に敏感《びんかん》だよ。言っとくけどさ。

そりゃあ、あれだよ。もう、結論が分かっているようなことを、君が、わざわざ言わそうとしてるから、ほんと、つらいけどさあ。

D――　やっぱり、ノーベル賞が狙《ねら》いでしょうか。

池田大作守護霊　え？　ノーベル賞？　ノーベル賞より、もうちょっと前があるよ。つらいけど、やっぱり劣等感《れっとうかん》があるわな。はっきり言ってな。でも、創価学会の始めにおいては、それが、よかったんだよ。みんなも、そうだったからさ。

D――　劣等感を持っていたんですね？

池田大作守護霊　みな貧しくて、学歴もなくて、収入もなくて、地位も低くて、社会から阻害《そがい》された連中の、救済のためにできた教団だからな。だから、そのリーダーは、そんな者でも、よかったんだけどさ。大きくなっちゃって、社会的に認められないといけなくなってきたら、それなりの、〝あれ〟が必要になるじゃないか。

おれも高卒だしさ。富士短期大学の〝あれ〟を、二十年後ぐらいにもらったから、まあ、それはおっしゃるとおりさ。人に書いてもらって、短大卒の学歴を、あとから取って付けたけどさ［注２］。「そんなものは、学歴のうちに入らん」という説もあるけど、やっぱり悔《くや》しいじゃないか。

日本の学校って、十八の年に入らなきゃ、冷てえんだよ。外国みたいに、もう一回、入り直すことを、あまりさせてくれないよな。

だけど、おれみたいに地位のある人間が、もう一回、大学に入り直して勉強するわけにいかないじゃないか。なあ？　だから、外国からもらってるんだよ。それは許したもれ。君、そのくらい、大きな心でもって許さなきゃいけないよ。

［注２］池田氏は、一九四九年、二十一歳《さい》で富士短期大学を中退したが、四十歳のとき（一九六八年）、卒業論文を提出し、大学から卒業が認められた。

D――　確かに、苦学はされていると思います。

池田大作守護霊　君だって、北京《ペキン》大学の名誉博士号が欲しいだろうよ。

D――　いやあ、北京大学は結構でございます。

池田大作守護霊　ん？

D――　遠慮《えんりょ》します。

池田大作守護霊　そうしたら国賓待遇《こくひんたいぐう》してくれるわな。

D――　いえいえ。幸福の科学大学であれば、考えますけれども。

池田大作守護霊　そうお？　まあ、幸福の科学大学からは、一個ぐらいは出るんじゃないか。たぶん。

劣等感《れっとうかん》や嫉妬心《しっとしん》を共有して、他宗排撃《はいげき》をやった

D――　そうしますと、やはり、劣等感《れっとうかん》というものが一つの大きな力ですか。

池田大作守護霊　ああ、大きいよ。まあ、だけど、劣等感は、おれだけのものじゃないんだ。実は、学会のみんなが共有してたものなんだよ。だから、みんなの劣等感を背負って、「社会を見返してやる」というのが、創価学会の一つの原動力だったんだよ。

D――　今のお言葉を聞いて、非常に納得がいきました。

池田大作守護霊　うん、うん。

D――　私は、宗教の伝道は、いくら熱心でも構わないと思いますが、戦後、創価学会が折伏《しゃくぶく》大行進を展開していたころ、「強引すぎる」という批判が出ていたことも事実です。それが、宗教に対する批判を招いたと思うのですが、この点については、いかがですか。

池田大作守護霊　まあ、それは、正統な宗教の勉強をあまりしていなかったからね。宗教全体についての知識というか、宗教史というか、世界の宗教のことを、十分に勉強していなかったところはあると思う。

他宗教の批判をマニュアル化してやったのはいいんだけど、ちょっと粗雑《そざつ》だったことは事実だな。まあ、若気《わかげ》の至りかもしらん。今、君らに本を読む必要はないと言ったけど、「『折伏教典』一冊ありゃあ、もう十分だ。他教を折伏するマニュアルさえあれば、とにかくやれる」というところはあったさ。

例えば、キリスト教のことを言やあさ、「十字架《じゅうじか》に架かって死ぬなんて、そんな弱い救世主が神になれるわけがない」というような感じで、あっさりと切ってしまうところはあったな。

まあ、日蓮《にちれん》さんにも、そんなところはあったけどね。そういうほかのものを、みな邪教《じゃきょう》にしちゃうようなところがあったけど、まあ、嫉妬《しっと》も、半分、入ってたような気はするよな。「念仏《ねんぶつ》は無間地獄《むけんじごく》だ」とか、「禅《ぜん》は天魔《てんま》だ」とか、いろんなことを言ってるけど、その日蓮の単純化論理を使って、ほかの宗教を、みな悪く言ったようなところはある。若干《じゃっかん》、智慧《ちえ》が浅いところはあったかなと思う。若気の至りはあったかなと思う。ただ、若くて、知識が足りない分だけ、行動力と攻撃力《こうげきりょく》があったかな。

仏壇《ぶつだん》を捨てさせたり、いろんなものを焼いたりしたようなことが、そうとうな恨《うら》みを買って、いまだに、みんなから悪く言われているんだろう。ただ、ちょっと焦《あせ》ったかな。

でも、世界規模の一神教になると、だいたい、結局は、そうなるんだよね。

D―― うーん……。

池田大作守護霊　一神教は、ほかの宗教を、みな、そうやっちゃうからね。だけど、ちょっと焦ったかな。そこまで行《い》っていないのに、やったのが、反発のもとだったかなとは思うけどな。

D―― そうすると、他宗排撃《はいげき》は、「教義を検討した上でやっていた」というよりも、「行動力を優先したためにそうなった」ということでしょうか。

池田大作守護霊　うーん、だけど、そのもとが日蓮にあったことは事実だからね。他宗排撃も、行動論のところも、もとは日蓮だよな。

D―― はい。

池田大作守護霊　実際、辻説法《つじせっぽう》をやってる程度の坊《ぼう》さんがさあ、鎌倉《かまくら》幕府の執権《しっけん》に諫《かん》言書《げんしょ》を出しても、そんなもの、幕府がまともに受け取ってきくわけがない。ろくな弟子《でし》も持っていないような状態で、彼は国師《こくし》の気分でいたわけよ。ね？　そりゃ、幕府は怒《おこ》るだろうし、迫害《はくがい》も受けるわな。

だけど、それを悪いほうに取るんじゃなくて、「現実の実力がないにもかかわらず、それだけの大志を抱《いだ》いていた」という、その気概《きがい》のほうを評価するわけよ、われわれはね。現実がそこまで行っていなくても、結論に向かって大行進するところに、一種の生《い》きがいを感じるわけよ。

D――　「劣等感を持っている団体や集団が、そうしたことをする」というのは、よく分かります。しかし、必ず軋轢《あつれき》を生むのではないでしょうか。

池田大作守護霊　うん、そうだね。だから、大きくなったら、今度は、いじめるほうに回るんだ。いじめっ子は、実は、いじめられっ子なんだよ。つまり、いじめられた経験のある人は、いじめを始めるんだよな。だいたい、そうしたものなんだ。

6　後継者《こうけいしゃ》の問題と現在の体調について

守護霊としては、「長生きしすぎた」と考えている

D―― 宗教活動全般《ぜんぱん》について、もう一つ、質問させていただきます。

先ほど、「創価学会は変質した」と言われましたが、最近、マスコミからは、「二十一世紀に入って、創価学会の伝道力や集票力、資金力等に、少し陰《かげ》りが見える」という指摘《してき》も出はじめております。

池田大作守護霊　うーん、君、手加減してくれたね。今、「若干《じゃっかん》、陰りが見える」という言い方をしたか。

D―― はい。

池田大作守護霊　すごく手加減してくれたね。ありがとう。まあ、武士の情けとして

聞いてあげよう。
わしは長生きしすぎたんだと思うよ。創価学会の会長は、だいたい五十ぐらいで死ななきゃいけない。みな不摂生《ふせっせい》だからね。酒は飲むわ、タバコは吸うわ、何でもありだ。この教団は、もうストレスの塊《かたまり》だから、暴飲暴食、〝暴女《ぼうおんな》〟っていう言葉はないか、まあ、なんて言うか知らんが、好き放題、煩悩《ぼんのう》を発散させてる宗教なんだよ。トップが煩悩を発散させてるから、下も右に倣《なら》えで……。

D――　戸田氏もそうでした。

池田大作守護霊　阿波踊《あわおど》り精神だ。

D――　阿波踊りとは、ちょっと違《ちが》うと思いますが。

池田大作守護霊　「踊る阿呆《あほう》に、見る阿呆、同じ阿呆なら、踊らにゃ損損」ということでやったから、みな不摂生で早死にしてるのさ。
坊《ぼう》さんのほうは、摂生してるからさ。菜食や少食で体を鍛《きた》えて、八十、九十と長生きしてるけど、こっちは、五十ぐらいで死んでるので、わしも、若いうちは、そのぐらいで死ぬと思っとった。だから、やりたい放題だ。「やりたい放題」っていうのは、まあ、仕事の面で、やるだけやったんだけど、意外に、死なずに長生きしてしもうたからな。まあ、しょうがなく、二十一世紀まで生きてしまったために、社会が変質してきたことに教団を合わせるのが難しくなってな。ほんとに、ちょっと長生きしすぎた。誰《だれ》か、わしを暗殺すべきだったな。暗殺されてたら、もう、とっくに、わしは聖《せい》人《じん》になってるから。

D——　先ほど、「池田名誉《めいよ》会長が亡くなった場合、あとが心配だ」というようなことを言われていましたが。

池田大作守護霊　全然、心配なんかねえよ。後をやりたがってる人が多すぎて、困ってるだけのことだ。

長男を慶應《けいおう》に行かせたのは失敗だった？

D——　ご長男に継《つ》がせることに不安はありませんか。

池田大作守護霊　うん、あるよ。わしみたいなカリスマ性がないから。

D――　ああ。

池田大作守護霊　うーん、学歴はいいんだけど、行動力も落ちるしな。

わしはよく分からないので、教えてほしいんだよ。ここは、高学歴の人も多いんだろうから、教えてほしいけどさあ。まともに勉強してねえおれに、こんなに指導力があってさ。なんで慶應《けいおう》の、まあ、コネもちょっと使ったけど……。ああ、変なことを言っちゃったな。あの慶應のエスカレーターで大学まで出してねえ、そういう学歴をつけたのに、なんで、あんなに仕事ができないのか分からねえんだ。そんなに勉強して、なんで駄目《だめ》なんだよ。日本の学問っていうのは、力がないんかねえ。教えてくれ。ここも慶應は出来が悪いかい？

D――　私も学歴がないので、よく分かりませんけれども（笑）。

池田大作守護霊　お互《たが》い、分からんなあ。やっぱり、高卒が優秀《ゆうしゅう》なんかなあ。

D―― うーん……。

池田大作守護霊　社会に出て、仕事をしたほうが、やっぱり、上なのかなあ。なんか、どうも評判が、もういっちょ上がらないんだよなあ。だから、パワーがないよな。覇《は》気《き》がな。

たぶん慶應に行ってだな、財閥《ざいばつ》の息子《むすこ》みたいなお坊っちゃんに囲まれて、毒素を抜《ぬ》かれたんじゃないかと思うんだよ。そういう荒々《あらあら》しい起業家精神みたいなもんが、ちょっと抜けたんかかな。だから、「ちょっと失敗したかな」という感じはあるなあ。

D―― 池田大作氏ご本人のご体調はいかがですか。

池田大作守護霊　ご体調？　悪いよ。ずっと悪い。

D―― ずっと悪いのですか。

池田大作守護霊　そう、ずっと悪い。うん。ご体調……、「ご体調」って、自分で言っちゃあいけないけど、まあ、慶應病院が近いから助かってるんだ。何回、死にかけたか、分かんねえや。慶應病院のおかげだな。いつも、特別室にヒョッと連れて行ってくれて、全部ストップして、やってくれるから、なんとか生き延びとるんだ。

あれ（池田氏）は、もう、〝病気のデパート〟さ。

7 創価学会は日蓮《にちれん》の指導を受けているのか

D―― しかし、それだけ長く生きられたのは、運だけではなく、守護霊《しゅごれい》様以外の霊人の応援《おうえん》もあったからではないかと思います。今まで、どのような方が、池田氏を霊的に指導されてきたのでしょうか。

池田大作守護霊　長生きしたのは、まあ、日本人の寿命《じゅみょう》自体が延びとるから、普通《ふつう》でいたら、長生きはするからね。別にそれは、どうってことはないよ。

わしは、五十ぐらいで死ぬつもりでいたのに、長生きしてしまったところが、意外だったんだけど、それは、食生活が変わったことと、医療《いりょう》技術が上がったことが大きいだろうけどな。途中《とちゅう》で、何度も病気はしているから、昔だったら死んでるだろうと思う。「早期発見」「早期治療《ちりょう》」、それから、「倒《たお》れてもすぐ治してもらえる」と、まあ、こういうことがよかった。慶應《けいおう》は駄目《だめ》だけど、慶應の医学部だけは腕《うで》がいいんだよ。

D――　今、私がお伺《うかが》いしているのは、医学面ではありません。長く、元気に、カリスマを保ってこられた背景には、何か霊的な力を与《あた》えてくれた霊人がいたのではないかと思うのですが。

池田大作守護霊　君、なんか、分かりにくい質問だな。「力を与えてくれる」？　ああ、霊界の話を訊《き》いてんのか。

D――　はい、霊界です。

池田大作守護霊　「創価学会の発展に、霊界の影響《えいきょう》があったか」ということか。ところで、君らは、霊言をいっぱい出してるんだよな？

D――　はい。

池田大作守護霊　霊言がいっぱい出てるわりには、大きくならねえんで、君らは困ってるんだよね。霊言が降りないのに創価学会は大きくなって、悔《くや》しいだろうなあ。立《つい》木《き》だか、立木《たちき》だか知らんが、幸福実現党の党首は悔しがってるんじゃないかと思うけどさ。

D―― それは、八十年と二十年の違《ちが》いかもしれません。

池田大作守護霊　選挙や政治は、この世的な人ほど勝つんだよ。そういう人のほうが強いんだからさ。あんたがた、負けるのは当たり前さ。

D―― いや、今、選挙の話はしていません。

池田大作守護霊　ああ、選挙じゃないの？

D―― 選挙の話は、また、あとでお伺いしますので。

池田大作守護霊　ああ、そう。

日蓮《にちれん》は創価学会を一度も指導していない

D―― 要するに、創価学会がここまで大きくなった背景には、どういう霊人の指導があったのでしょうか。

池田大作守護霊　うーん……。つまり、「日蓮聖人《にちれんしょうにん》や日興上人《にっこうしょうにん》が指導していたか、していなかったか」ということを訊きたいんか。

D――　はい、それも含《ふく》めてです。

池田大作守護霊　ああ、日蓮の指導は、なかった。もう、これは、はっきり言える。なかった。一度も指導されてない。

D――　では、誰《だれ》が指導を?

池田大作守護霊　日興の指導も、なかった。日興は、本山のほうについていた。だから、本山と協調してやっている間は、間接的に指導はあったかもしれないけれども、本山とぶつかった段階で、彼のほうは切れたね。日興上人は創価学会から手を引いた。それで、大川隆法に助けを求めたような、なんか怪《あや》しいことをやったようではある。だから、日蓮、日興の指導は受けていない。

受けているとすれば……。過去、おそらく、野心家だったような人が幹部に集結して、天下取りのほうで、実は、力を結集したんじゃないかな。天下取りの夢に惹《ひ》かれて来た人が多かったと思う。このへんの念力が成就《じょうじゅ》してるんじゃないかな。

日蓮が幸福の科学に霊言《れいげん》を降ろした理由が分からない

D── 田中角栄氏が、生前、池田大作氏を、『法華経《ほけきょう》』を唱えるヒトラー」と呼んだ話は有名ですが、ヒトラーとか、そうした霊人の応援はなかったのでしょうか。

池田大作守護霊 （苦笑）君ね、いくらなんでも、いっくらなんでも、それは、ないんじゃないか。いくらなんでも……。

まあ、言うと思ったけどさ。言うとは思ってたけど、いくらなんでも、ヒトラーが『法華経』を唱えるわけねえだろうが。おい。「ヒトラーが『聖書』を読んだ」っていうんなら、あるかもしらんけどさ。

ただ、歴史の転換点《てんかんてん》には、悪人みたいに見える人は出てくるんだよ。やっぱり、時代の方向を変えるためには、そういう大きな力を持った人が出てくる必要があるんだ。わしも、どうせ悪人にされとるだろう。君らから見りゃあ、悪《あく》かもしらんけどさ。

日蓮聖人も、鎌倉《かまくら》時代の最後のほうに出てきた僧侶《そうりょ》でねえ。客観的に見ても力がなく、念仏宗《ねんぶつしゅう》に嫉妬《しっと》するわ、禅宗《ぜんしゅう》に嫉妬するわ、ほとんどの先発宗教に嫉妬して、最後に出てきたんだろう？　あれは、最後の仏教だよ。あれが最後だろうよ。日蓮は、嫉妬の塊《かたまり》だと思うよ。そういう意味では、わしと変わらない。嫉妬の塊だと思うけどな。

それが、今、「昭和期になって、大を成した」ということ自体が、すごい報恩じゃないかな。感謝・報恩したんじゃねえか。

だから、今、日本に必要なのは、宗教パワーとしての実践《じっせん》・行動力さ。

天下取りを考えてたのは、わしらだけじゃないよ。昭和初期から、日蓮宗に基《もと》づく国粋《こくすい》主義運動はずいぶんあったね。明治時代から、天皇制の国家神道《しんとう》による弾圧《だんあつ》がすごくきつくて、ほかの宗教も困っていたが、「戦える宗教」っていうと日蓮宗しかなかったのでね。だから、日蓮宗でもって、これを破ろうとした運動が長く続いていたことは、事実だな。

なぜ、日蓮聖人が幸福の科学のほうに霊言を降ろしたのか、私は、ちょっと分からないんだけどさ。でも、日蓮が現代に生まれたとしたらやったであろうことを、まあ、かたちは違うかもしらんけども、私は自分の人生でやったつもりではいる。
それが間違ってると思うなら、教えてくれよ。

D――「やったつもりでいる」ということですね。

池田大作守護霊　「日蓮なら、こうしただろう」と想像したことをやったよ。だけど、「それが間違ってる」と言うなら、そして、「日蓮が応援しない」と言うなら、何が違っているのか、教えてほしいわ。教えてくれるか。

D――いやあ、私《わたくし》は、もう、そのようにお考えであれば、それでもよいと思います。
はい。

8　政治進出の理由と、今後の見通しについて

天下取りができれば、もう一度、国立戒壇《こくりつかいだん》を目指すつもりだった

D――　ところで、「時代の変わり目には、悪人が必要だ」ということを、実は、先《せん》般《ぱん》、小沢一郎氏の守護霊《しゅごれい》も言っておられました（『小沢一郎の本心に迫《せま》る』〔幸福実現党刊〕参照）。

池田大作守護霊　ああ、小沢が言《ゆ》うとったか。悪人同士だからな。

D――　そこで、少し政治について、お伺《うかが》いしたいのですが、公明党をつくられた理由は何だったのでしょうか。

池田大作守護霊　天下取りだ。もちろん、天下取りです。

D――　何のために天下を取る？

池田大作守護霊　ああ、だって、男のロマンじゃないか。君、天下取りって、男のロマンだよ。燃えないか。

D──　はい。

池田大作守護霊　燃えるだろうが。いやあ、幸福実現党だって、天下取りって言ったら、みんな燃えるだろう？「天下は取らなくていい。一名だけ議員がいればいい」って言ったら、燃えないねえ。やっぱり、それは、男のロマンだよな。

D──　公明党は、最初、国立戒壇《こくりつかいだん》の建立《こんりゅう》を目標としていて、それが大義名分ではなかったのでしょうか。

池田大作守護霊　いや、それは引っ込《こ》めたけどさ。引っ込めたけど、ほんとは間違《まちが》いだ。

D──　なぜ、池田会長は、それを引っ込めて、政教分離《ぶんり》宣言をされたのでしょうか。

池田大作守護霊　ああ、勝てないと思ったからさ。戦力分析《ぶんせき》をしたら、勝てないと思った。敵に回った宗教が多すぎたのと、政治的にも、公明党の戦力が及《およ》ばないことが明らかであったので、「殲滅《せんめつ》されるぐらいなら、天下三分《てんかさんぶん》の計《けい》で逃《に》げる」と。そういう考えだったかな。

まあ、『三国志』等で孔明《こうめい》を勉強しすぎたことの、悪い面が出たかな。君らは、「孔明や勝海舟《かつかいしゅう》、ハンニバル等が、魂《たましい》の兄弟だ」とか言っているらしいが、最後に負ける人だとは知らんかった。あれを勉強しすぎたのがいけなかった。

D――　ああ。

池田大作守護霊　だから、天下三分で我慢《がまん》したところがあるんだ。うーん。

D――　そうすると、政教分離宣言というのは、要するに、「公明党は、第三極としてキャスティングボートを握《にぎ》る」という作戦への変更《へんこう》だったのでしょうか。

池田大作守護霊　ただ、嘘《うそ》はあるよ。嘘はある。総体《そうたい》革命が成功して、天下を取れたら、もちろん、国立戒壇を、もう一回、引っ張り出してくるつもりではあった。

Ｄ――　それが本心であり、それを隠《かく》していたということですか。

池田大作守護霊　本心、本心。本心はそうだ。

Ｄ――　今もそうですか。

池田大作守護霊　今も、本心はそうだ。ただ、それだけの戦力がないので、できない。あなたがたも、同じような挫折《ざせつ》は、やがて、経験するだろうと思う。いや、まあ、ほかの宗教だから、分からないけどね。わしは、さっきの誰《だれ》かみたいに、呪《のろ》いをかけたりはしねえからさ、呪詛《じゅそ》はしないから、あなたがたは成功するかもしらんけれども、エル・カンターレ信仰《しんこう》を国教にしようとしたら、同じようなことが必ず起きるはずだ。だから、われらのケースを、モデルケースとして勉強しなきゃいけないわな。

「講談社フライデー事件」では、幸福の科学の抗議《こうぎ》活動を称賛《しょうさん》した

Ｄ――　ただ、政教分離宣言は、言論出版妨害《ぼうがい》事件（一九六九―七〇年）をきっかけとして起きた、マスコミによる批判の流れから出てきたので、私は、「宗教がマスコ

ミに負ける」という前例をつくってしまったのではないかと思っていますが、その点については、いかがでしょうか。

池田大作守護霊　うーん、まあ、うちの出版局長だったA君ね。あれは、幸福の科学にも来たらしいね。君らを、ちょっとだけ、かき回して、どこかへ行っちゃったんじゃないかね。

まあ、弟子《でし》の兵法の失敗かもしらんけども、藤原《ふじわら》の『創価学会を斬《き》る』を読ませまいとして、書店から全部、本を消してしまったんだよな。全部買い占《し》めて読ませないようにしようとしたあたりが、ちょっと裏目に出てしまった。それと、当時の自民党幹事長の田中角栄にも応援《おうえん》を頼《たの》んだが、あんなに口が軽いとは思わなかった。いろいろとしゃべられてしまい、「政治的圧力をかけて、マスコミを弾圧《だんあつ》しに来た」というふうな感じで知れ渡《わた》ってしまった。それがまた、一つの、別の〝神話〟になっちゃったからね。

ただ、私らとしては、初体験だったのよお。そこまでやられるとは思わなかった。だから、君らのことは分かるよ。「フライデー戦争」か？　君らが講談社とやったとき、わしは応援してたんだからねえ。

D──　そうですか。

池田大作守護霊　拍手喝采《はくしゅかっさい》してたんだよ。「やったあ！　よくやった！」ってね。弟子たちには、「宗教は、ああでなきゃいかん。よく映像を見るように」って言って、みんなに繰《く》り返し勧《すす》めたんだ。

「宗教なら、ああすべきだ。幸福の科学は実に偉《えら》い。講談社の正面から乗り込んで、折伏《しゃくぶく》に行った。これは宗教の理想でねえか。おまえらは、だらしなかった。『マスコミに頭下げた』っていうのは、恥《は》ずかしいことだった。宗教としては、ああでなきゃいかん。これは立派な宗教ではないか」。そう言って、いちおう、ほめたんだ。

だから、そのあと、君らから、〝悪口〟を言われたのは不本意だったよ。

D──　でも、あれは、勉強していたから、ああいう行動力が生まれたのです。

池田大作守護霊　ああ、そうか？

D――　はい。

池田大作守護霊　そうか。まあ、よく分かんないけどさあ（会場笑）。わしは勉強のほうは分かんねえけど、行動力だけ見ていて、いや、偉いと思ったよ。マスコミに乗り込んでいくようなことを、誰も考えたことがないんじゃないかな？

D――　初めてのことでした。

池田大作守護霊　なんで警察に逮捕《たいほ》されないのか。それが、わしには分からんかったんだけどな。普通《ふつう》、されるんじゃないか。なんで、されないの？

D――　別に、法律に反しているわけではありません。

池田大作守護霊　なんで、されないんだろうね。大川隆法が東大を出てるっていうだけで、されないのかい？

マスコミに叩《たた》かれて、日本の階級の壁《かべ》の厚さを感じた

D──　私《わたくし》は、その政教分離宣言というものが、戦後、宗教の発展を阻害《そがい》する要因になったし、日本で、宗教政党という存在が否定されるようになった原因でもあると思うのですが、それについては、いかがでしょうか。

池田大作守護霊　（舌打ち）まあ、でも、そうでもないんじゃないかな。

君は分かってくれると思うけどさ。田中角栄が高等小学卒で天下を取ったときには、ほめそやした連中が、そのあと、二十年以上にもわたって、いじめ抜《ぬ》いたよね。しつこかったよなあ。最高裁までグルになって、死ぬまで、いじめ抜いた。日本のエスタブリッシュメント？　学歴も社会的地位もあって、偉くなっている階級の連中が、〝成り上がり者〟を許さなくて、いじめて、いじめて、いじめ抜いたけどもね。

わしも、おそらく、同じような運命を辿《たど》るだろうと思ったので、ほどほどのところで〝矛《ほこ》〟を引いたのさ。結局、同じようになるだろうと思ったよ。そのへんの、日本の階級の壁《かべ》の厚さは、やっぱり感じたよ。

宗教が恵《めぐ》まれない人たちを救ってる分には、マスコミも文句は言わないけど、天下取りを目指してきたら、撃《う》ち落としに来るっていうの？　これは感じた。

マスコミっちゅうのは、だいたい、基本的には、あれだろ? 「早稲田《わせだ》ぐらい出てなきゃ、人間でない」と思ってる連中が、ほとんどだからさ。「人類の平均的知性は早稲田の文学部だ」と思ってるのが、マスコミなんだよ。「それから下は、人類の平均以下だ」と思ってるから。で、「東大だけが、ちょっとだけ上だ」と思ってるのが、マスコミ人種なんでね。

それから見たら、わしらは、角栄さんと一緒《いっしょ》で、しつこく叩《たた》き落とされる運命にはあるだろうと思う。そういう意味では、長生きしすぎたので、早く死んで、代替《だいが》わりしたほうがよかったのかもしれないけどなあ(舌打ち)。

D—— もう一つ、政治絡《がら》みでお伺いします。一九九五年にオウム事件があり、それをきっかけに、宗教法人法改正の動きが起きましたが、そのとき、池田氏を国会に参考人招致《しょうち》する話も出ました。当時、池田氏は、非常に焦《あせ》ったというか、怖《こわ》い思いをされたと思いますが。

池田大作守護霊 いや、まあ、何《なん》ちゅうか、政治っていうのはな。君らは、これから経験するだろうが、まあ、気の毒だと思うんだ。これから政治の世界に入っていくんだろう？　それは、それは汚《きたな》い世界だよ。小沢さん（守護霊）が言ってたとおりだ。汚い、ドロドロの世界なので、この駆《か》け引きのなかに巻き込まれたら、純粋《じゅんすい》な信仰とか、教義とか、あるいは、修行とかを護《まも》るのは大変なことだろうと思うよ。あんなところに行って、やられたら、大変なことになるよ。まあ、人の違いもあるけどな。

ただ、わしの周りの幹部層が、「池田大作を外に出さない」っていうので、もう、考えが一致していた。外に出すとボロが出るからさ。何をしゃべるか分かんないので隠している。「隠して神秘性を高める」っていうのが、創価学会の作戦なんだ。

隠して、中だけで出す。外に出すときには、立派なようにして出す。本でも、外国の偉い人と対談したものだけを、手を加えて出す。新聞も、きちっと立派なことを言っているように書いて載《の》せる。

そういうことで、外には出さないで、中だけでうまくやり、外の人との対話・対談は、だいたい、日本語が分からない人としかしないことになっている。通訳がうまく訳してくれることになっているのでね。まあ、そういうことのために、創価大学をつくったんだからさあ。

D――　やはり、そうですか。

池田大作守護霊　そう。そのために、創価大学をつくったんだから。まあ、そういうことで出さない。出しちゃまずいと。要するに、わしが国民の前に出たら、「池田大作は、日本人の平均的知性を超《こ》えていないというふうに見られるかもしれない」と、内部の人は恐《おそ》れを感じているわけよ。それがバレたら、創価学会は崩壊《ほうかい》する恐れがあるからな。

首相だって、失言を一つしただけでも、クビが飛んじゃうじゃないか。国会は、そういうのが怖いわけよ。下手に失言でもしたら、宗教法人法の見直しとか、いろいろやられる可能性があるから、そういうリスクを考えれば、やっぱり、出さないように、暗殺されないようにするのが、筋じゃないか。だから、わしは、そういう周りの圧力と考えのもとに動いたわけよ。

おたくの教祖さんだったら、どうするかは知らんよ。おたくの教祖さんは、国会から喚問《かんもん》を受けたら、出て行くかもしれないと思うよ。出て行くかもしれないし、下手したら勝つかもしれないね。ほんとに勝っちゃうかもしれないので、国会議員のほうが怖がっていると思うよ。たぶんね。だから、ちょっと、うちとは違いがあるかもしれない。

ただ、「一般的な露出《ろしゅつ》が過ぎると、攻撃《こうげき》の対象になる」ということは知っておいたほうがいいな。

小選挙区では勝てないので、衆議院から引き上げようか迷っている

D――　創価学会にとって、自民党は親の仇《かたき》のような存在だったと思いますが、そのときに「震《ふる》え上がった」ことが、そのあと、自民党との連立につながったのでしょうか。

池田大作守護霊　うん、まあね。だから、野党をやると、いじめ抜かれるのでね。やっぱり、そういう汚い世界なんだよ。

君らも、これから、それを経験するんだよ。もう大変だよ。なんか、わしが言うと、

嫉妬《しっと》して、邪魔《じゃま》してるように聞こえるかもしらんけど、いやあ、政治は、あんまり、いい世界じゃないよ。宗教で大成《たいせい》しているんだったら、もう、ほんとは、手を出さないほうがいいかもしれない。

わしも、もう、今はな。生きてる間に、わしが言わなければ、引っ込めないので、もう、次の衆院選あたりから、引き上げようかと思ってるぐらいなんだよ。

D――　公明党をですか。

池田大作守護霊　うんうん。わしが言えば、やめることはできるけど、わしが死んだら、やめられなくなる。今、引き上げようかどうか、迷っているところだ。もう、小選挙区では勝てない。

D――　前回、小選挙区では、全敗でしたから。

池田大作守護霊　うん。勝てないですよ。小選挙区制では勝てないので、もう、このままだったら、座して死を待つのみになってしまう。

あとは、票を取られるだけになるからな。学会員を動かして、自民党を勝たせるとか、民主党を勝たせるとか、そんな運動のために、エネルギーと金が使われるようになったら、かつて、本山に吸い上げられたのと同じことが起きるだけだろ？　それは、信者には、きついさあ。だから、今、そろそろ引き上げようかと、迷っている。

そういうときなのに、君らは、これから出るって、変なことをしてるよ。

D――　いやあ、これは、すごいお言葉ですよ。

池田大作守護霊　えっ？　何？　何が？　正直に言ってるだけだ。

D――　池田大作氏の守護霊が、「もう、衆議院から引き上げようか」と思っているというのは……。

池田大作守護霊　いや、正直に言っているだけだよ。だって、負けるもん。次、負けるもん。もう、みんな、自民か民主しか頭にないもん。みんなの党にも負けちゃうかもしれない状態でしょ？

まあ、みんなの党も、そんなにもたないと思うけどね。やがて保守合同か何《なん》かするだろうから、あれだけ単独で生き残れるはずがない。組織なし、金なしだろ？　そんなもん、一過性のブームだよ。すぐ消えると思うよ。うちみたいに、組織があっても、もたないんだから。

今の支持率の三パーセントとか、四パーセントぐらいじゃあ、二大政党制では生き残れないんだよ。二大政党制で生き残るには、支持率が、最低でも二十五パーセントから三十パーセント台はないといけない。だから、イニシアチブをとることができないんだよ。

次の代で創価学会は分裂《ぶんれつ》する？

D―― 九〇年代の前半、公明党は小選挙区制の導入に賛成していましたが、あれは失敗だったのでしょうか。

池田大作守護霊　いや、そう言ったって、自民党の応援させられるのは、もう、はっきり言って、消耗戦《しょうもうせん》だったからね。「宗教は組織戦に強いだろうから、組織票をつくれ」って言うんで、おかげで、もう、ほんとに、いつも、何カ月も準備をさせられてね。本山に代わって、自民党が暴君みたいになり、うちの活動エネルギーと金を吸い取ってくるんだ。

まあ、あとは、宗教として、もう、選挙以外の目的がなくなっちゃったところがあるんでね。選挙に勝つことと、池田大作を称《たた》えること以外に、何もない宗教になっちゃった。

D―― それは、お認めになりますか。

池田大作守護霊　認める。

D―― 今は、事実上の政治団体となっていて、それしか活動はないわけですか。

池田大作守護霊　政治団体でもないんじゃないか。

創価学会は、日蓮正宗《にちれんしょうしゅう》・大石寺の外護《げご》団体というか、在家の講《こう》としてかつて存在したように、政治をやっても、自民党なり、そういうメジャー政党の外護団体みたいな役割しかできていない。そういうカルマがあるわな。エネルギーを吸い取られる運命にあるんでね。

わしも年を取ったので、教団の行方《ゆくえ》は心配してるわけよ。次の博正《ひろまさ》（長男）とかの代になったら、とてもじゃないけど、この政治力学のなかで生き延びられるとは思えない。ほかの者がやったとしても、幹部の反乱が相次ぐと思うので、政治が絡むと、草刈場《くさかりば》にされて、創価学会は分裂《ぶんれつ》させられてしまうだろうね。

創価学会と公明党は、すでに限界が来ている

D――　かつて、公明党は、創価学会と一緒になって、平和運動のようなことをやっていましたが、自民党と連立政権を組んだあたりから、結局、何をやりたいのかが、よく分からなくなったように思います。

池田大作守護霊　ないんだよ、やりたいことが。実際、もう、ないんだよ。日蓮の教義から言って、ほんとにやりたいのは、今、あなたがたがやってることだ。日本の危機を警告してるんだろう？

D――　はい。

池田大作守護霊　違うの？　そうなんだろ？

D―― はい、そうです。

池田大作守護霊 「中国だ、北朝鮮《きたちょうせん》だ」。ねえ？

D―― まさに、そうです。

池田大作守護霊 「日本国は、このままだと危機になるから、対策を立てろ！」って言ってるんだろ？ これは日蓮が言ったことだよ。

D―― ええ。

池田大作守護霊 日蓮なら、今、それを言うよ。それをやってるのは、あんたがたであって、わしらではない。これが悲しいところだ。残念だけど、あなたがたがやってるのは、日蓮がやったことなので、下手をしたら、日蓮宗系の人は、みな、あんたがたのほうに行っちゃうわ。

D―― 公明党の役割は、もう終わったという感じですね。公明党から幸福実現党に……。


池田大作守護霊　わしが消えたら、もう、仕事はないと思うね。

実は、みんな、本当は、政治的な目的でやっていたわけではなくて、やっぱり、天下取りが目的だったんだ。これは、悪く言われるかもしれないけど、あんたがただって、「日本一の宗教団体になって、次、世界宗教になろう」って言ってんだろう？　言ってることは、そんなに変わりはしないんだよ。

わしらだって、「日本一の宗教になって、世界に知られよう」としていたんだから、あんたがたと一緒なんだよ。わしらは、もう限界が見えてきたけども、君たちにも、いずれ限界は来るんじゃないかと思う。まあ、来ないかもしれない。わしは、呪いの言葉は言わないからね。

教祖が違うから、違うのかもしらんけどさ。

ただ、選挙を見るかぎり、弟子の能力は、あんまり高くないんじゃないかな？　出来がよくないな。

D――　幸福実現党のほうですか。

池田大作守護霊　そうそう。あれを見るかぎりは、ちょっと駄目《だめ》だな。

D――　その、ご批判は、謙虚《けんきょ》に受け止めたいと思います。

池田大作守護霊　少なくとも、あの十倍は取らないといけない。教祖の大言壮語《たいげんそうご》と合ってないわ。

D――　いや、大言壮語ではありません。

池田大作守護霊　ん？　大言壮語だよ、結果から見れば。

D――　そうすると、限界は、もう、お認めになるわけですね。

池田大作守護霊　限界？　どこの？

D――　公明党と創価学会です。

池田大作守護霊　それは、もう、とっくに限界は来てるよ。うん。とっくに来ている。

ほんとは、九〇年代で、目標はなくなっている。新進党をつくったあたりが最後だったかな。

D――　ああ、なるほど。

池田大作守護霊　あれが最後かな。「新進党のなかに隠れて、天下取りができるかどうか」って狙《ねら》ったのが、最後だったな。あとは、自民党の補完勢力になって、十年、連立したけど、骨抜きになったわ。自民党っちゅうのは、怖いところだからね。あれと組むと、だんだん骨が溶《と》けてくるんだよ。

D――　なるほどぉ。

池田大作守護霊　酢《す》でも飲んでるみたいになってな。危ないぞ。

中国人留学生を受け入れる見返りに、中国の大学から称号《しょうごう》をもらっている

D――　公明党の功績と言える部分で、日中国交回復の橋渡し役をして……。

池田大作守護霊　（舌打ち）まあ、おれたちが宣伝してることに、君たちが乗っちゃいけないよ。

D──　確かに、創価学会のいろいろなものを見ますと、中国と非常に仲がいいですし、聖教新聞が、例えば、中国の軍事的な拡大に対して批判することも、まず、ありませんが、中国との間に、何か密約があるのでしょうか。

池田大作守護霊　いやあ、中国との国交回復に、公明党のほうから、いろいろと密使を送って地固めしたのでね。それが、まあ、内部の信者に向けては、池田大作の大功績の一つとして宣伝されてるわけよ。だから、中国との仲が決裂してしまうと、その大事な功績が消えちゃうわけね。

それから、中国との国交回復は、本当は、池田の実績であるはずなのに、竹入《たけいり》だとか、矢野だとか、あの連中が横取りに入って……。

D──　矢野さんとか、竹入さん?

池田大作守護霊　うん、そうそう、そうそう。手柄《てがら》を横取りして、勲章《くんしょう》をもらったりし始めたあたりで、信者が許さなくなってきたところはあるんでな。それは、こちらの考えでやってることだからな。まあ、ちょっと、そのへんがうまくいかなくなってな。だから、政党は難しいよ。

D――　中国との間で、何か密約はないのですか。

池田大作守護霊　何の密約があるの？

D――　例えば、中国が、日本に乗り出してくるための橋渡し役をやるとか。

池田大作守護霊　それは、創価大学がそうなってるじゃないか。

D――　そうですね。それで、バーター取引（物々交換《こうかん》）のように、中国のほうから、創価学会への見返りというのは、あるのでしょうか。

池田大作守護霊　「創価大学に留学生を受け入れて、中国の大学から、わしが〝勲章〟をもらう」っていう、そういう密約だよ。まあ、既成《きせい》事実だから、それは、密約ではないな。

D―― 中国でも、信者を増やそうという……。

池田大作守護霊　いや、信者は増えないんだよ。中国もしっかりしてるんだよ。信者を増やすことまでは、許さない。中国が、創価学会の信者で満たされるようなことは、向こうは認めないんだ。

なかなか老獪《ろうかい》だよ。気をつけろよ。そうはいかない。うまいからなあ。もう、とにかく、交渉《こうしょう》がうまいから。基本的に利用するものは利用するけど、自分たちのディフェンス（防御《ぼうぎょ》）はしっかりしてるからね。うーん。

D―― ああ、そうすると、確かに、「吸い取られるカルマ」というのが、よく分かりますね。本山、自民党、そして中国と……。

池田大作守護霊　おう、全部、吸ってくるんだよ。だから、わしは、君たちの言う〝与《あた》える愛〟を実践《じっせん》しているんだ。

D―― いやいや（会場笑）。まさか、「与える愛」という言葉を聞くとは思っていませんでした。

池田大作守護霊　与える愛や、まあ、仏教でいう慈悲《じひ》の塊《かたまり》なんだ。慈悲魔なんだよ。「この優《やさ》しすぎる性格を何とか鍛《きた》えないといかん」と思いつつも、今回、とうとう克《こく》服《ふく》できんかったな。ああ。

公明党最高幹部だった、矢野氏と竹入氏を破門にした理由

D――　ところで、矢野さん、竹入さんの破門は、どういう理由でしょうか。

池田大作守護霊　君らも、そのうち経験するよ。党首が、もう八人も替わってるんだろう？　な？　もう、言うこときかねえだろう？

政党っていうのは、すぐ、教団本体の〝生き血〟を吸いに来るから。もう、嫌《いや》んなるほど、金と票と時間、エネルギーを取りに来るからさ。ほんと、途《と》中《ちゅう》で、何回も、ぶち切りたくなるよ。

だけど、長くやってると、だんだん威《い》張《ば》っちゃって、自分らだけでやってるような

気になってきてね。教団を利用しているんだけれども、感謝の心を忘れて、暴走し始める。そして、「表の世界で通用してるのは、おれたちであって、おれたちが教団を護ってるんだ」みたいなことを言い出すんだよ。

そのうち、大臣とか経験したら、もう、引き下がらなくなってきて、威張りかえってくるので、身内であっても、選挙に落としてやりたくなってくるんだ。いずれ、君たちも、十年後、二十年後に経験することだよ。そういう人たちに謙虚さを教えるのは、難しいことだな。

公明党はやめたほうがいいと思っている

D―― 結論として、公明党をつくったのは正解でしたか。それとも間違いでしたか。

池田大作守護霊　まあ、「世の中を騒《さわ》がせて、有名になった」という意味では、プラスだったとは思うけれども、「天下を取れなった」という点においては、残念だけど、「思いを達することはできなかった」ということだね。

君らに言うんだったら、まあ、政党はやめておいたほうがいいよ。ほんとに難しいよ。

D――　私たちに「やめたほうがいい」とおっしゃるということは、「公明党も、もうやめたほうがいい」と考えておられるということでしょうか。

池田大作守護霊　ああ、公明党もやめたほうがいいと思ってる。「参議院も要《い》らない」という意見があるぐらいですけれども、「衆議院も、もう引くべきだ」と思ってるのでね。宗教のほうは、もう痛手ばっかり受けて、いいことは何にもないわ。吸い取られる一方だ。

D――　貴重な意見をいただき、ありがとうございました。

9 創価学会に未来はあるのか

創価学会は、もともと宗教ではない

池田大作守護霊　ん？　何？　あんた、なんか言うことあるのかい？

司会　それでは、私のほうから、お伺《うかが》いしたいと思います。

結局、創価学会は、宗教として、何を広めたかったのでしょうか。あるいは、現在進行形で、何を広めていこうとしているのでしょうか。

池田大作守護霊　創価学会っちゅうのは、宗教じゃないんだよ、君。宗教法人格はもらったけどさ、宗教じゃないんだよ。

司会　では、何ですか。

池田大作守護霊　もともとは外護《げご》団体なんだよ。日蓮宗《にちれんしゅう》の一つである、大石寺《たいせきじ》を中心

とする日蓮正宗を、正統派の日蓮宗として押《お》し広げるためにつくられた外護団体だから、もともと宗教ではない。だけど、すでに大きくなり、既成《きせい》事実として、大勢の人が働いているもんだからさ、宗教にせざるをえないじゃないか。まあ、しかたないじゃないか。な？　そういうことで、宗教法人にはなったけど、わしは、これは宗教じゃないと思うよ。

司会　そうしますと、信者の幸せとは何なのでしょうか。

池田大作守護霊　幸せは得てるんじゃない？　なんか、元気になる力があるんだよ。何《なん》ちゅうの？　君ら、あれ、何ていうんだろうね、あのー、バイアグラだ。ハハハハハハ。わしも愛用したこと……、ああ、ほにゃほにゃほにゃ、ハハハハハハ（会場笑）。なんか、飲むと急に元気になってくるようなものがあるじゃないか。な？

司会　それは、勤行《ごんぎょう》のなかにあるということですか。それとも活動のなかに？

池田大作守護霊　まあ、両方だな。「南無妙法蓮華経《なむみょうほうれんげきょう》」を唱えているうちに、なんか、陶酔感《とうすいかん》を味わえて、この世の憂《う》さ晴らしができるんだな。あと、実際に選挙で戦って勝ったりすると、それは喜びだ。あんたらは一勝も挙げてないから、お気の毒様だけどさあ、一人でも当選したら、陶酔するで。それで、憂さ晴らしが、いろいろできるようになるよ。まあ、これから経験すると思うけどさ。
ただ、まあ、すべては虚《むな》しいぜ。

司会　虚しいですか。

池田大作守護霊　結局は虚しいわ。うん。

自分が死んだら、二十年以内に、この団体はなくなる

司会　なぜ虚しいのですか。

池田大作守護霊　結局は虚しい。最後は、もう、ほんと、〝関ヶ原のあと〟みたいになるからさ。

司会　それは、どういうことでしょうか。

池田大作守護霊　すべてが虚しい。おそらく、政治のところは消えると思うけど、宗教のところも消えると思うよ。

今、友人葬《ゆうじんそう》をやったり、あなたが言うように模刻《もこく》本尊をやったり、にわか僧侶《そうりょ》みたいなのをやったり、いろいろやり始めてるけど、インチキだよな、はっきり言やな。こんなものは、いずれ、風化してしまうのは分かってる。わしが死んだら、二十年以内に、この団体はなくなるよ。

司会　これだけ大きな団体がなくなるということは、どういう……。

池田大作守護霊　なくなる、なくなる。社会的使命がなくなったら、なくなるよ。

司会　もうすでに現状では……。

池田大作守護霊　今はギリギリもってる。わしが生きている間はもってる。だから、わしが植物人間になっても、おそらく生かすだろうよ。慶應《けいおう》病院は、「まだ元気でやっております」と言って、わしと会わせないようにし、植物人間にしてでも延命させると思う。

司会　信者の方々は、今、どう思っておられるのでしょうか。

池田大作守護霊　信者？　信者は、若い人を中心に、だんだん離《はな》れていってるんじゃないかな。

司会　離れて、どのへんに行っているのでしょうか。

池田大作守護霊　どこに行ってるのかは知らんけど、もう年寄りばっかりだ。

司会　そうですか。

池田大作守護霊　うーん、年寄りばっかりだね。あと、選挙をやってるから、信者と言えるかどうかも分かんないしな。まあ、活動してるのは三分の一ぐらい。三分の一は、よその宗教のと変わらない状態。三分の一は、〝幽霊《ゆうれい》〟だ。うんうん。

司会　信者の方々は、どういうところに宗教的使命を感じておられるのでしょうか。

池田大作守護霊　うーん。もう、ほとんど、ないんじゃないかな、今は。

司会　ないのですか。

池田大作守護霊　うん。今は、池田大作を護《まも》ることぐらいしか思ってないんじゃないかな。だから、生きてる間は、義理があるから頑張《がんば》ると思うけど、死にゃあ、もう、義理はないからね。

司会　それでは、信者の方々に元気が出ないのではないですか。

池田大作守護霊　うん。だから、博正《ひろまさ》とかのためになんか、やる気はないんじゃねえか。ほかの幹部もいるけどさ、誰《だれ》のためにも働きたくないだろう。同僚《どうりょう》だから、やりたくはないわね。

司会　池田名誉《めいよ》会長は、今のようなことを、周りの方々に話しておられるのでしょうか。

池田大作守護霊　周りは……。まあ、もともと在家団体なんだよ。だから、在家という意味では、平等なんだよ。出家じゃないから。

おれたちが出家だったら、在家から供養される立場にあるけどさ、出家じゃないからね。在家なんだよ。同僚なんだよ。だから、特別に、カリスマにしてもらうような因縁《いんねん》はないのさ。

司会　そうしますと、これから、多くの人たちが、〝信仰《しんこう》〟という柱を失って、空虚《くうきょ》感《かん》といいますか……。

池田大作守護霊　あとは、誰か天才的なゲッベルスみたいなのが出てくれば、池田大作の神格化を図《はか》るかもしらん。そういうことはありうるわな。「偉《えら》かった。偉かった」と一生懸命《いっしょうけんめい》言って、祀《まつ》り上げて神様にしてしまえば、できないことはないかもしらん。

あんたがたの宗教みたいに、わしを、日蓮の生まれ変わりか何《なん》かにして祀り上げれば、宗教として、もつかもしれないけど、離れる人は多いだろうね。

10 池田大作守護霊《しゅごれい》としての総括《そうかつ》

創価学会の「功罪」とは何か

司会　では、最後に総括《そうかつ》として、創価学会の「功罪」について、池田名誉《めいよ》会長の守護《しゅご》霊《れい》様から、お話しいただければと思います。

池田大作守護霊　うーん。まあ、基本的には「国盗《くにと》り物語」だったんじゃないかな。戦国時代の国盗り物語みたいなもので、斎藤道三《さいとうどうさん》のような気分だったかな。「油売り商人から大名へ」みたいな感じ？　しかし、天下は取れなかった。まあ、そのあたりの気分かな。ああ、そんな感じか。

司会　功《こう》として、あるいは罪《ざい》としては、何かありますか。

池田大作守護霊　罪《ざい》？

司会　はい。

池田大作守護霊　罪《ざい》はたくさんあるんじゃないの？　ウハハハ。

司会　「トータルで社会に与《あた》えた罪《ざい》」ということです。

池田大作守護霊　社会に与えた罪《ざい》ね？　うーん。

まあ、「宗教が、圧力団体として、政治的にかなりの力を持つ」というか、「国政に影響《えいきょう》を与える」という意味では、さっき、政教分離《ぶんり》の話もあったけどさ、「憲法に政教分離の規定があったとしても、宗教は一定の政治的権力を行使できる」という実績をつくったんじゃないの？

あんたがたが、もし、ほんとに、政治をやって、天下を取るつもりだったらさあ、それは足場にはなるだろうよ。うーん。足場にはなるんじゃないの？

司会　それは、「功」のほうです。

池田大作守護霊　ああ、まあ、功だな。

司会　はい。

池田大作守護霊　罪《ざい》が聞きたい？

司会　功と罪《ざい》があれば……。

池田大作守護霊　罪《ざい》は、たくさんありすぎて、数えられないんじゃないか。

D――　いや、個々の事件は結構ですから。

池田大作守護霊　ああ、もう事件だらけだ。

自分は武将タイプであり、宗教家ではない

司会　それでは、何か悔《く》いが残るところがあるとすれば？

池田大作守護霊　悔いが残るところがあるとすれば？　そうだな、うーん……、三代目会長じゃなくて、初代になってみたかったな。それだったら、もうちょっと神格化

されて、ちゃんとした教祖になって、宗教家になれた可能性はあるな。

司会　「宗教家になりたかった」ということでしょうか。

池田大作守護霊　うん、宗教家になりたかった。

実際、わしは、宗教家じゃないと思うよ。はっきり言って、「宗教家もどき」だね。自己評価すりゃあ、宗教家じゃないね。宗教家じゃなくて、やはり、天下取りだよ。だから、武将、あるいは、今で言やあ、「大企業《だいきぎょう》を一代でつくるような起業家タイプの人間が、宗教のほうで、姿を隠《かく》して出てきている」というかたちかな。

結局、信仰《しんこう》やあの世のことは、よく分からない

D――　その「宗教家もどき」の池田氏にとって、信仰《しんこう》とは何だったのでしょうか。

池田大作守護霊　信仰？

D――　はい、この人生で……。

池田大作守護霊　信仰とは何か……。君、すごく哲学的《てつがくてき》なことを、意外に難しいことを訊《き》いてくるな。あんたら、名誉博士《はくし》号をもらえるぞ、そんな難しいことに答えられたらな。

D――　いえいえ。ずっとお話を伺《うかが》っていて、そこを本当に聞きたくなりました。

池田大作守護霊　ああ、信仰とは何か？　わしも、よく分からねえんだよ。

あんたがたは、「死後の世界だ」とか、「霊だ」とか、「神だ。仏だ。高級霊だ」とか言うんだろ？　わしらには全然分からないもん。うん。天国も地獄《じごく》も分からないし、神も仏も見たことはないし、天使も菩薩《ぼさつ》も如来《にょらい》も会ったことはないし、声も聞こえない。日蓮《にちれん》の書いたものを読んだり、その解説書を読んだりすることはあっても、よくは分からない。

だから、宗教的なる、一種の文化をつくる程度までしか行かなかったので、「信仰」と言っても、宗教的な文化の高みをつくることぐらいまでしか、視野としては入っていなかったな。

ただ、理想をあえて言うとすれば、「第三文明」っちゅう言葉があるけどさ。「西洋でも、東洋でもない、もう一つの文明をつくる」ということが、神という言葉か、仏という言葉かは知らんけども、そういう「宇宙の意志を実現するようなことになるんかなあ」という感じはあったかな。

われわれ創価学会員は、あの世のことは、よく分からないんだよ。

D―― そのようですね。

池田大作守護霊　否定しているわけじゃないんだけど、よく分からないんだ。

司会　守護霊様は、今、あの世におられますよね？

池田大作守護霊　まあ、そうらしいな。

司会　それは、お分かりですよね？

池田大作守護霊　そうらしいとは思ってるよ。うん。そうらしいとは思ってるけども、うーん、よくは分からないんだよ。

D――　霊界とつながらない宗教というのは厳しいですね。今、お話を伺っていて、寂《さび》しいなと思いました。

池田大作守護霊　教義のなかにないから、分かんないんだよ。日蓮だって説いてないしさ。

D――　あの世のことが分からないと、宗教といえども、刹那的《せつなてき》なものになりますね。

池田大作守護霊　本山の講義を聴《き》いたって、やっぱり分からん。あの世のことも、霊のことも、よく分からない。

うーん、まあ、それは限界だけど、オリジナルの限界だからさ。戸田先生だって、牧口先生だって、よく分かってないんじゃないかなあ。このへんに、限界があるんじゃないかな？　うーん（舌打ち）。

「功罪」と言われると、そうだねえ、わし（池田氏本人）は、死んだら、どうなるかね……。まあ、一面記事には載《の》るだろうけど、基本的には、功罪両面が書かれるんじゃないか。

ああ、ちょうど、小沢一郎みたいな立場かもしれないね。ええ。「大暴れはしたが、混乱させた面もあった」みたいな？　ハハハハハ。

総体《そうたい》革命は終わった

D──　小沢氏は、今、最後の大勝負に出ようとしていますが、池田氏のほうは、もう、ほぼ幕引《まくひ》きのかたちですね。

池田大作守護霊　小沢も、もう最後だろう。まあ、時間の問題だ。「首相を狙《ねら》う」っちゅうことは、ほとんどの場合、「一、二年後には引退する」ということだからね。もう終わりだよ。

D──　そうすると、池田氏も……。

池田大作守護霊　まあ、「時代が終わってきた」ということだな。

君らの健闘《けんとう》は祈《いの》りたいところだけど、創価学会の時代も、もうすぐ終わるだろう。

D――　今日は、率直なご見解をお聞かせいただき、本当にありがとうございました。

池田大作守護霊　君、僕《ぼく》のことを偉《えら》いと思ったか。思わなかったか。

D――　率直に申し上げて、私は、少し、「あわれだな」という感じがして……。

池田大作守護霊　「あわれ」？（会場笑）

D――　はい。

池田大作守護霊　君、衝撃的《しょうげきてき》な言葉を、最後に、なんか……。

D――　いや、決して、蔑《さげす》んでいるわけではありません。

池田大作守護霊　それだったら、わしは、もう一回、言い直さないといかんねえ。録《と》り直ししようか。「あわれ」とは……。

D――　いやいや、蔑んでいるわけではないのです。少し表現が悪かったと思います。

池田大作守護霊　もののあわれを感じる？

D――　寂しさというか、もののあわれというか、そういう感じです。

池田大作守護霊　うん、まあ、それは、消えていくものは……。

D――　なんだか、無常観《むじょうかん》のようなものを感じました。

池田大作守護霊　ああ、それは仏教の本道だからな。諸行無常《しょぎょうむじょう》だよ。もう峠《とうげ》は越《こ》えた。あとは下っていくばかりだよ。

君らにも、やがて、そういう時代は来るだろう。一《ひと》世代違《ちが》うから、一世代後に来るもんだろうけどさ。まあ、戦いて、力尽《つ》きたる者の姿を、最後、見ていきゃあ、いいよ。

天下は取れなかったよ。残念だけど、結論ははっきりした。総体《そうたい》革命は終わった。

司会・D――　ありがとうございました。

11　池田大作氏の守護霊《しゅごれい》は、薩摩《さつま》の武将・島津氏《しまづし》

大川隆法　以上で、いいですか。（Dに向かって）印象はどう？　「あわれ」という、すごい決め言葉を……（笑）。

D――　最初は、威圧感《いあつかん》というか、「言葉に気をつけないといけない」という思いがすごくあったのですが、だんだんと雰囲気《ふんいき》が変わってきて、少し本音のようなものが出てきたのかなと思いました。

大川隆法　本人のほうがだいぶ弱っていて、おそらく、それと連動していると思います。今の守護霊《しゅごれい》の心境は、本人の心境に近いのではないでしょうか。「そんなには、もう、できない」という感じだと思います。

D――　覇気《はき》がありませんでした。

大川隆法　「このあと、もっともっと隆盛《りゅうせい》を極《きわ》めるような未来が来る」とは思っていないということでしょう。〝帝国《ていこく》〟の滅亡《めつぼう》を感じているようです。

池田大作氏の死後、創価学会は、醜《みにく》い分裂騒動《ぶんれつそうどう》が起きて、バラバラになっていくのではないでしょうか。おそらく、そうでしょう。守護霊も、それを感じ取っているように思います。

司会　袁紹《えんしょう》の最期《さいご》を見るような感じでした。

大川隆法　うん。天下取りができなかったことは、もう認めていましたね。もっと早く死ぬつもりでいたようなので、長生きしすぎた悲劇かもしれません。

D――　官渡《かんと》の戦いに敗れたあとのような様子でした。

大川隆法　終わったのでしょう。「もう一回、巻き返す」というのは、ありえないと思います。

司会　「〝兵力〟が集まらない」という感じです。

大川隆法　もう、ないのでしょうね。
司会　宗教家というよりも、事業家というか、政治家というか、そういうタイプの人なのかと思いました。
大川隆法　「国盗《くにと》り物語」と言っていたので、魂《たましい》の本質としては、やはり、天下取りのタイプの人なのでしょう。「自分は袁紹ではない」と言っていましたが、魂の兄弟のなかには、似たような魂が、ほかにもいるようです。
この感じだと、意外に、日本の戦国時代にいるかもしれません。戦国時代、天下取りを目指したけれども、取れなかった武将のなかの、誰《だれ》かでしょう。
本人としては、言ってほしくないでしょうね。おそらくは、そうでしょう。
斎藤道三《さいとうどうさん》は、田中角栄でしたか。
司会　はい。
大川隆法　斎藤道三によく似たタイプの人というと、誰がいますか。松永弾正《まつながだんじょう》は、誰でしたか。

D―― 金丸信《かねまるしん》です。

大川隆法　急激に伸《の》びたけれども、天下は取れなかったという人は、ほかに誰がいるでしょうか。

D―― 信長の父、織田信秀《おだのぶひで》はどうでしょうか。

大川隆法　いや、そういう人ではないでしょう。

司会　北条早雲《ほうじょうそううん》とか。

大川隆法　伊達政宗《だてまさむね》は小沢一郎氏でしたか。

うーん、おそらく、「天下取りを目指すことを公表はしたけれども、取れなかった」というあたりでしょうか。「ある程度の勢力はつくったが、天下は取れなかった」という人です。

ほかの霊人に訊《き》いてみれば、分かるかもしれません。

司会　毛利元就《もうりもとなり》はどうでしょうか。あ、毛利は、あの人ですか。

大川隆法　では、ちょっと訊いてみましょうか。

（リーディングに入る。約十五秒間の沈黙《ちんもく》）

うーん……。少しだけ時代がずれているようです。関ヶ原の戦いで、西軍にいた人のようですね。うーん、西軍のほうにいて、敗れた人のようです。

司会　真田《さなだ》でしょうか。

大川隆法　いや、薩摩《さつま》に逃《に》げて帰った、島津《しまづ》あたりの感じです。

ああ、この人は、「天下取りに敗れたり」という経験をしていますね。けっこう、引き技も知っているようです。「最後に逃げて、生き延びる」という技を知っている感じがするので、島津あたりかもしれません。そのような感じがします。「関ヶ原の合戦《かっせん》には敗れた」ということなので、戦国時代より、少しあとの時代のようです。

（Dに向かって）「あわれ」とは、諸行無常《しょぎょうむじょう》の、もののあわれという意味だったわけですね。

D――　すみません。少し言葉を間違《まちが》えました。しかし、今回、本当に貴重な意見を聴《き》くことができました。

司会　ありがとうございました。

大川隆法　はい。

あとがき

宗教学者も、ジャーナリストも、また宗教を集票マシーンとしてのみ利用している政治家にも判らない霊的真実を、一人の宗教家として伝えることとした。

現代人にとっては、こうした「霊界の真相を知る『霊能力』など存在しない。」と一蹴《いっしゅう》することの方が簡単だろう。

ただ私は、自分にとって真実だと思われることのみを述べた。「公開霊言」であるので、語られた内容には虚偽《きょぎ》はない。信じるか否かは読者の自由である。

私の方としては本書で、立正佼成会や、真如苑、創価学会の信者を切り崩して、幸福の科学の信者を増やす意図などもうとうない。また、宗教戦争をしかける目的もない。ただひたすら、「宗教的真理とは何か」を追い求めているのみである。

二〇一〇年　九月十六日

幸福《こうふく》の科学《かがく》グループ創始者兼総裁《そうししゃけんそうさい》　大川隆法《おおかわりゅうほう》

『宗教イノベーションの時代』大川隆法著作関連書籍

『宗教決断の時代』（幸福の科学出版刊）
『エクソシスト入門』（同右）
『小沢一郎の本心に迫る』（幸福実現党刊）

宗教《しゅうきょう》イノベーションの時代《じだい》 ──目からウロコの宗教選び②──

2010年10月８日　初版第１刷

著　者　　大《おお》　川《かわ》　隆《りゅう》　法《ほう》

発行所　　幸福の科学出版株式会社

〒142-0041 東京都品川区戸越１丁目６番７号
TEL(03)6384-3777
http://www.irhpress.co.jp/

印刷・製本　株式会社 サンニチ印刷

落丁・乱丁本はおとりかえいたします

ISBN978-4-86395-076-4 C0014
Photo: ©PixBox-Fotolia.com

大川隆法最新刊・宗教の違いを知る

宗教決断の時代

目からウロコの宗教選び①

統一協会教祖・文鮮明（守護霊）、創価学会初代会長・牧口常三郎が「公開霊言」に登場！

教えの源流、活動の形態、教団の霊的真相などが明らかになる。

1,500円

第1章　統一協会教祖の正体　──文鮮明守護霊の霊言──
なぜ、統一協会の名前を隠すのか
統一教会での「段階的な騙し方」とは
霊的に見た「統一協会の正体」　ほか

第2章　創価学会の源流を探る　──牧口常三郎の霊言──
創価学会初代会長より、現在の考えを聴く
なぜ、法華教は人気があるのか
初代として、「創価学会の使命は終わった」と判断している　ほか

※表示価格は本体価格（税別）です。